Jutta M. Ingala

Glücksorte im Emsland

Fahr hin & werd glücklich

Dieses

Glücksbuch

ist für

Liebe Glücksuchende,

wenn Sie leise Töne lieben, verwunschene Moorlandschaften und den Zauber uralter Hudewälder, dann sind Sie im Emsland richtig! Das Wasser ist nie weit. Ems und Hase ziehen ihr blaues Band durch eiszeitliche Dünenlandschaft. Ihre Auen sind kostbare Biotope. Begleiten Sie die Flüsse per Rad, steigen Sie unterwegs auf einen der zahlreichen Aussichtstürme, wo sich schnell auch blühende Heide und das weite Moor ins Blickfeld schieben. Hier entstand die erste Fehnkolonie auf deutschem Boden, hier fand ein Kirchenfürst vom Niederrhein Zerstreuung und ließ ein hübsches Jagdschloss bauen. Barocke Architektur, bäuerliche Fachwerkbauten und Ozeanriesen gehören zu den Ikonen der Region. Genauso wie der Kranich, der sich im Frühjahr vielerorts ein Stelldichein gibt und als Glücksvogel gilt. Und wie Boßeln oder Buchweizenpfannkuchen: Traditionen werden im Emsland gepflegt. Gleichzeitig ist es das Land der Pioniere. Beginnend mit den Menschen der Trichterbecherkultur, die den Schritt vom Jäger und Sammler zum sesshaften Bauern vollzogen. Mit ihren Hünengräbern haben sie markante Spuren hinterlassen.
Das Emsland wird Sie in Staunen versetzen. Genießen Sie es!
Herzlich,

Jutta M. Ingala

GLÜCK

Deine Glücksorte ...

... noch mehr Glück für dich

Barocke Heiterkeit

1 Das kurfürstliche Schloss Clemenswerth

Wer Clemenswerth nicht kennt, kennt das Emsland nicht! Clemenswerth, die kleine, anmutige Barockanlage in Sögel. Ein Jagdschloss umringt von Pavillons, die einst wie heute ihre eigene Bestimmung haben. Sie gruppieren sich sternförmig um das Hauptgebäude, liegen je am Ende eines schnurgeraden Pfads. Nicht zuletzt darum wird Schloss Clemenswerth auch „Stern des Emslands" genannt. Prachtvoll, aber nicht dekadent. So hat es Johann Conrad Schlaun, bedeutendster Baumeister seiner Zeit und alle anderen überstrahlender Architekt, gestaltet. Sein Auftraggeber war Clemens August I., Herzog von Bayern, Erzbischof von Köln, Kurfürst des Heiligen Römischen Reiches und vieles mehr. Die Fülle seiner Ämter und Titel war endlos. Für ihn hatte Schlaun bereits Schloss Augustusburg bei Brühl gebaut. Heute ist Augustusburg Welterbestätte.

TIPP

Lichterglanz beim Adventsmarkt vor barocker Kulisse, immer am zweiten Adventswochenende.

Clemens August war Feingeist, den Künsten zugetan und durchaus gewissenhaft in religiösen Pflichten, politisch jedoch unstet. Das erzählen Zeitgenossen und die späteren Chronisten. Wenn die zahlreichen Pflichten zu drückend wurden, flüchtete sich der Kurfürst in sein emsländisches Quartier. Drei Tagesreisen von der rheinischen Residenz entfernt. In Clemenswerth fand er Ruhe und Zerstreuung. Ein früher Glücksort, eingebettet in einen üppigen Landschaftspark, den man in unverändert formaler Strenge erlebt.

Statt sich der Jagd hinzugeben, spazieren heutige Besucher über die langen Alleen, vielleicht zur Schlossteichanlage, oder flanieren durch den Klostergarten. Wo akkurat gestutzte Hecken Ruhe in die Landschaft – und den Geist – bringen, zogen Kapuzinermönche ehedem Küchen- und Heilkräuter, pflanzten Gemüse an und hegten Obstbäume. Die Blickachsen sind geblieben, Sonnenuhren zeigen die Zeit. Ein schöner Ort, um Gedanken schweifen zu lassen.

Auch ein Besuch des Schlosspavillons ist ein beglückendes Erlebnis. Gegen einen Obolus öffnet sich die Pforte zu französischen Seidentapeten, Meissener Porzellan und barocker Heiterkeit.

● Schloss Clemenswerth, Clemenswerth 7, 49751 Sögel, www.clemenswerth.de
● ÖPNV: Bus 930, 931, 947, Haltestelle Busbahnhof

Blütenrausch

2 Naschkes Garten in Papenburg

„Staudenparadies zum Faulenzen" betitelte in den 1980er-Jahren eine Zeitschrift ihren Artikel über den Garten von Ernst Naschke. Und das kann man dort, in der parkähnlichen Anlage am Kanal in Papenburg, ganz vortrefflich: Denn Naschkes Garten ist ein Ort für Körper und Geist, eine Oase für die Sinne. 10.000 Quadratmeter voller Stauden und Gehölze, heimisch oder zumindest europäisch. Einige wenige riesenhafte Exoten wie der Mammutbaum oder die Sumpfzypresse mischen sich als überraschende Kontraste darunter. Pfade laden zum Schlendern ein, Bänke zum Verweilen, Schauen, Nichtstun.

Ernst Naschke kam 1929 in Guben, in der Niederlausitz zur Welt. Die Liebe zur Natur, zu Pflanzen und zum Arbeiten in der Erde wurden dem Sohn einer alten Gärtnerfamilie in die Wiege gelegt. Nach klassischer Lehre und Meisterschule gründete Ernst Naschke 1950 seinen eigenen Betrieb in Potsdam-Bornim, dem „Worpswede der Gartengestalter". Dort lebte und wirkte auch der prominente Staudenzüchter, Schriftsteller und Gartenphilosoph Prof. Dr. h.c. Karl Foerster, der den jungen Mann aus Guben stark beeindruckte. Foerster sollte eine lebenslange Inspirationsquelle bleiben. Beflügelt und voller Visionen zog Naschke 1963 ins Emsland, wo er mit einem Gartenbaubetrieb in Papenburg ein neues Kapitel seines Lebens aufschlug. Und den Auftakt seiner Gartensinfonie schrieb.

TIPP
Weitere wundervolle Gärten im Nordwesten Deutschlands und den Niederlanden erleben (www.innachbarsgarten.de).

1980 begann der leidenschaftliche Gärtner seinen Betrieb zum heutigen naturnahen Garten umzugestalten. Mit leichter Hand und seinem guten Gespür für die Ästhetik der Botanik. Wildstauden wachsen in Naschkes Garten neben den gezähmt-gezüchteten, um künstliche Teiche drängeln sich schlanke Halme, die sanft schaukeln und im Sommer bunte Blüten tragen. Dann duftet auch der Arzneigarten so berauschend, dass man seine Nase tief hineinstecken möchte. Überhaupt erblüht der Garten zwischen April und August am allerschönsten. „Hier ist die Natur der Meister und wir die Lehrlinge", steht auf einem verwitterten Schild. So einfach, so schön.

- Naschkes Garten, Mittelkanal links 63, 26871 Papenburg
www.naturgarten-naschke.de
- ÖPNV: Bus 600, 970, 971, Haltestelle Mühlenbrücke

Feurig rot

3 Die Gymnasialkirche der Jesuiten in Meppen

Schon von Weitem blitzt sie zwischen anderen, schlichteren Fassaden hindurch: die Gymnasialkirche der Jesuiten mit ihrer prächtigen, barocken Fassade, den fein reliefierten Wappen, Nischen und Figuren, den opulenten Vasen auf dem geschwungenen Glockengiebel und den blendend weiß gerahmten Sprossenfenstern. Anziehend, lustvoll, heiter. Und ein ganz und gar ungewöhnlicher Bau für Jesuiten, die auf Geheiß des Münsteraner Erzbischofs Ferdinand um 1613 nach Meppen kamen. In den Wirren von Reformation und Gegenreformation zunächst versteckt, ab 1638 dauerhaft und schließlich so selbstbewusst, dass die Ordensbrüder im Jahr 1643 eine Lateinschule gründeten. Nach gut 100 Jahren waren Wohnstätte und Schule zu klein geworden für den großen Geist des Ortes. Eine neue, repräsentative Residenz schien angemessen, wenig später die Gymnasialkirche. Heute ist sie einzigartig im norddeutschen Raum, denn ihre zeitgenössische Innenausstattung ist völlig intakt. Daran haben kein Geringerer als Johann Conrad Schlaun, der große Baumeister des Barock, und auch der flämische Maler Caspar de Crayer, der Stuckateur Josef Geitner sowie der lokale Holzbildhauer Jöllemann mitgewirkt. Auch wenn die Jesuiten lange fort sind, so ist doch die Kirche noch immer einer Schule angeschlossen. Heute gehört sie zum Windhorst-Gymnasium.

TIPP

Über den Jesuitengang zur Hase spazieren und von der winzigen Brücke den Wasserblick genießen.

Erstaunlich mutig ist die farbige Gestaltung der Kirche: ist doch der Backsteinbau an der Fassade feurig rot gestrichen, die Sandsteineinfassungen der Fenster ockergelb, das hübsche Holzportal pastellblau. Ein farbiger Dreiklang, dem man sich nur schwer entziehen kann. Vor allem dem Rot nicht, das anregend, kraftvoll, beinahe dramatisch wirkt. Zugleich strahlt es eine erhabene Ruhe aus. Weil dem Betrachter die Bebauung buchstäblich in den Rücken fällt, mag man etwas zur Seite treten, auch ein paar Schritte zurück ins Sträßchen Markt: Von dort ist die Blickachse magisch auf feurige Farbe! Mehr braucht es nicht für durchdringende Glücksmomente.

- Gymnasialkirche der Jesuiten, Gymnasialstraße 3, 49716 Meppen
- ÖPNV: Bus 1, 3, 4, Haltestelle Domhof

Glücksvogel

4 Bei den Kranichen im Leegmoor

Er gilt als Glückssymbol in vielen Kulturen: Der langbeinige Kranich mit seinem eleganten, aschgrauen Federkleid, dem schlanken Hals und dem flammend roten Flecken auf der Stirn. In Japan wird er besonders verehrt und steht für ein langes, erfülltes Leben. Es heißt, wer 1000 Origami-Kraniche faltet, habe einen Wunsch frei. China und Indien sehen in ihm den göttlichen Himmelsboten, in Afrika wird durch spirituelle „Kranichtänze“ die Fruchtbarkeit beschworen. Und in Schweden schließlich – vielleicht auch bei uns – weiß man, dass mit der Ankunft der Kraniche der lange, kalte Winter endlich überwunden ist.
Kraniche sind die größten Vögel in unseren Gefilden und tatsächlich meist nur auf Stippvisite. Wenn sie im Frühjahr aus ihren Winterquartieren in der spanischen Extremadura, aus Portugal oder Frankreich zurück nach Norden ziehen, segeln die Vögel in immer neuen und sich wieder auflösenden Formationen oft Hunderte Kilometer pro Tag. An der deutschen Ostseeküste und in Niedersachsen – und dort auch im Emsland – rasten sie. Erhaben schreiten sie dann durch Feuchtwiesen und nasse Hochmoore, picken hier und da Nahrung auf, manchmal auch von gepflügten Feldern. Wenn Kraniche ihre Schwingen ausbreiten, an deren Ellenbogen Federbüschel wippen, zeigen sie ihre erstaunliche Spannweite von über 2 Metern.
Magisch ist ihr Balztanz, bei dem die Vögel zu einem eigentümlichen Trompetengesang anstimmen. Mit geputztem Gefieder tänzeln die Vögel umeinander, die Schwingen ausgebreitet, um immer wieder kurz abzuheben. Ein Steigen und Sinken, fein choreografiert. Zwischen Mitte März und Anfang April kann man diesen Tanz mit Glück im Leegmoor beobachten. Vom Aussichtsturm, der übrigens zu jeder Jahreszeit eine gute Sicht auf die faszinierende Moorlandschaft mit ihren Wat- und Wiesenvögeln bietet. Im Herbst verweilen die Kraniche länger. Dann trifft man sie den ganzen September und Oktober über im Leegmoor und den benachbarten Vennlandschaften. Alltagspoesie. Fernglas bitte nicht vergessen!

TIPP
Im Herbst mit dem Moormuseum Elisabethfehn zur Kranichexkursion ins Leegmoor (www.fehnmuseum.de).

- Kraniche gucken am Querkanal, 26903 Surwold (nächster Parkplatz am Surwolder See, ca. 4,7 Kilometer zu Fuß)
- ÖPNV: Bus 970, 980, 983, Haltestelle Rathaus Börgermoor (ca. 4 Kilometer weiter zu Fuß)

Gute Stube

5 Die Alte Posthalterei in Lingen

Manche Menschen, Orte und Ereignisse bleiben auf ewig von Geheimnissen umweht. So auch das hübsche Haus am Lingener Markt: die Alte Posthalterei. Während über dessen jüngere Geschichte viel Gutes bekannt ist, verlieren sich die eindeutigen Spuren von Wohl und Weh für die Zeit vor 1727. Für just jenes Jahr ist erstmals ein Besitzer verbrieft: der Rat und Rentmeister Albert Pontanus aus Burgsteinfurt. Manches spricht dafür, dass die Posthalterei schon sehr lange an der Ecke des Marktplatzes stand. Möglich ist auch, dass der Bau erst von Albert Pontanus beauftragt wurde. Hatte doch sein älterer Bruder Heinrich um 1684 und 1685 das architektonisch ähnliche Professorenhaus errichten lassen. Zu einer Zeit, als Lingen unter niederländischer Herrschaft einen regelrechten Bauboom erlebte. Das Professorenhaus war die erste Lateinschule der Stadt. Heute befindet sich dort das Theaterpädagogische Zentrum mit Zirkus, Schauspiel und modernem Tanz. Die Alte Posthalterei hingegen darf sich „gute Stube" Lingens nennen.

Die Postgeschichte des weiß getünchten Gebäudes mit dem typisch dunklen Fachwerk und den untypischen barocken Elementen währte tatsächlich nur kurz: von 1817 bis 1856. Den meisten, recht häufig wechselnden Besitzern diente es als Wohnhaus. Seit 1980 ist es Restaurant, seit 2014 mit nachhaltigem Konzept. Der perfekte Ort für eine gutbürgerliche Küche im eigentlichen Sinn des Wortes: lokal, saisonal. Nach alten Rezepten, interpretiert mit einem Quäntchen Raffinesse. Dazu wird eine großartige Auswahl von Bieren aus aller Welt angeboten. Ein Steckenpferd des Inhabers, der sich – neben vielem anderen – auch Biersommelier nennen darf. Da gibt es Champagner-Bier, perlende Biere mit einem Bouquet von Kirsche oder Mandarinen, solche mit Aromen von Schokolade. Die Bierverkostungen in der Alten Posthalterei sind besonders: vorm gekachelten Herdfeuer sitzen, auf urigen Lehnstühlen mit traditionell geflochtenem Sitz. In der guten Stube eben. Ein Ort für vielerlei Glücksmomente.

TIPP

An den Dortmund-Ems-Kanal spazieren, Wasserblicke vom Ufer und von der Meckerbrücke genießen.

- Alte Posthalterei, Große Straße 1, 49808 Lingen an der Ems
  www.posthalterei-lingen.de
- ÖPNV: Bus 11, 21, 41, Haltestelle Zum Neuen Hafen

Einmal umarmen, bitte!

6 Die Tausendjährige Linde von Heede

Bäume umarmen macht glücklich! Ausprobieren ausdrücklich erwünscht, auch wenn man sich zunächst geniert. Presst man nach einem heißen Tag sein Ohr an den Stamm, lässt sich auch ein Rauschen vernehmen. Es ist das Wasser, das gluckernd von der Wurzel über das Holzgewebe im Stamm, in die Äste und Zweige transportiert wird. Wasser befördert lebenswichtige Stoffe vom Boden bis in die Blattspitzen, ist notwendig für die Photosynthese, vor allem jedoch kühlt es den Baum. Übrigens auch die Umwelt. Duft- und Botenstoffe, mit denen Pflanzen kommunizieren, haben überdies eine ungemein beruhigende Wirkung auf den Menschen. Nicht zuletzt die wiederkehrenden Muster im Geäst und im Blattwerk. All das wirkt im Wald wunderbar wohlig zusammen. Die Japaner kennen ein Wort dafür: „Shinrin Yoku". Bei uns wird das „Waldbaden", das Eintauchen in die Atmosphäre des Waldes, ebenfalls beliebter.

TIPP

Tolle Typen: Auf www.nationalerbe-baeume.de werden die Uraltbäume Deutschlands vorgestellt.

Selbst ein einziger Baum kann diese Ruhe und Kraft ausstrahlen und unsere Sinne stimulieren. In Heede, beinahe schon an der niederländischen Grenze, steht Deutschlands mächtigster Baum: die Tausendjährige Linde. Ein Baum, so gewaltig und erhaben, dass er beinahe hypnotisch wirkt. Es ist eine Sommerlinde, deren Stamm jüngsten Messungen zufolge einen unfassbaren Umfang von 17,5 Metern hat. Ihre Krone ergrünt im Sommer zu einem flirrenden Kokon von 30 Metern. Vom „Fuß bis zum Scheitel" misst der Baum 24 Meter. Zahlen, die ehrfürchtig machen. Dass man es mit den 1000 Jahren etwas übertrieben hat, wiegt nicht so schwer. Vermutlich wurde der Baum um 1470 als Burglinde an der geschleiften Schärpenburg gepflanzt. Vermutlich ist auch ihre Krone einmal abgebrannt, denn heute gibt es statt eines einzigen Stammes neun Stämmlinge. Im Jahr 2019 wurde die Heeder Linde zum ersten Nationalerbebaum Deutschlands ernannt. So viel Großartigkeit darf fest umarmt werden. Aber ganz vorsichtig bitte, schließlich soll die Tausendjährige Linde noch viele Generationen glücklich machen!

- Tausendjährige Linde, Hauptstraße/Burgstiege 1, 26892 Heede
- ÖPNV: Bus 951, 961, 965, Haltestelle Kreuzung Jansen

Torf treten

7 Am Moorinfopfad in Esterwegen

»O schaurig ist's übers Moor zu gehen«, beginnt die berühmte Ballade der Annette von Droste-Hülshoff über die eigentümliche Atmosphäre im Moor. Zwar ist die große Dichterin weder im Emsland geboren noch aufgewachsen, jedoch nicht allzu fern: im benachbarten Münsterland. Einst waren die Grenzen ja sehr viel durchlässiger. Und das Moor, das kennt ohnehin keinen Halt. Es breitet sich dort aus, wo die Bedingungen günstig sind. Langsam, unmerklich fast. Etwa 1 Millimeter pro Jahr. Durch wurzellose Torfmoose, die der Sonne entgegenwachsen und dort, wo deren Strahlen nicht mehr hinreichen, absterben, sich langsam zersetzen. Auf diese Weise wächst das Moor. Langsamkeit ist etwas, das in dieser so schwer erfassbaren Landschaft zu höchstem Glücksgefühl verhilft. Wenn im Frühjahr weißes Wollgras blüht, dann ist es leicht, sich von der Heiterkeit anstecken zu lassen. In der dunklen Jahreszeit empfiehlt sich ein genaueres Hinsehen und Hinhören. Ein Suchen und Finden der faszinierenden Moorbewohner. Auf dem Moorinfopfad, der durch die Naturschutzgebiete Melmmoor und Kuhdammoor führt, helfen dabei verschiedene Infostationen. Sie erzählen von der Landschaft, der Entstehung des Moors und den sicheren Pfaden, die einst angelegt wurden, damit sich niemand verirrte. Sie beschreiben die nächtlichen Rufe der Moorvögel, der Bekassine oder des Großen Brachvogels, die die Menschen früher um den Verstand gebracht haben. Aberglaube war schon immer mit dem Moor verwoben. Wer Geduld mitbringt, kann schillernde Libellen und bunte Schmetterlinge beobachten, den scheuen Moorfrosch entdecken, dessen Brust zur Paarung leuchtend blau anschwillt. Auch Sonnentau, Besenheide und Blaues Pfeifengras. Aus dem Schopf vom Wollgras wurden Kerzendochte gefertigt, lernt man beim Schlendern über den eigens angelegten Holzbohlenweg. Das Highlight liegt an Infostation 9: Dort ist ein Moortretbecken angelegt. Barfuß geht es hinein. Das Moor bewegt sich dabei unter den Füßen, die langsam einsinken. Faszinierend!

TIPP

Fehnkultur mit mystischen Mooren, Museen und mehr per Rad erleben (www.moorerlebnisroute.de).

● Moorinfopfad, Hinterm Busch 1, 26897 Esterwegen, www.moorinfopfad.de
● ÖPNV: Bus 977, 980, 983, Haltestelle Gedenkstätte

Kirschblütenfest

8 Am Emsland Dom in Haren

Der Petersdom soll den Baumeister der Harener Pfarrkirche inspiriert haben. Auch wenn St. Martinus ungleich kleiner und schlichter ist, wird die Kirche liebevoll „Emsland Dom" genannt. An ihrer Stelle gab es bereits im Mittelalter einen Kirchenbau, 1853 und 1854 entstand dann eine neoromanische Kirche, die schließlich vom heutigen Dom überbaut wurde. Vom Vorgängerbau ist der backsteinrote Turm erhalten, in dem drei Glocken aus drei Jahrhunderten angeschlagen werden. Nach guter Sitte tragen sie die Namen von Heiligen: Anna aus dem Jahr 1510, Maria von 1650 und Martin von 1921. Noch heute dient der alte Backsteinturm als Eingangsportal und wirkt so etwas eigenwillig am weiß getünchten Neubau. Der erhebt sich strahlend, kreuzförmig und von einer monumentalen Kuppel überspannt. Mit ihren beiden bauchigen Laternen misst sie imposante 57,50 Meter. Kuppel, Laternen und Kirchendächer sind vom Grünspan gefärbt, der einen anmutigen Dreiklang mit dem weißen Putz und dem roten Klinker bildet.

TIPP

Ein kurzer Spaziergang führt an die Emswiesen, zum Jachthafen und zur schönsten Aussicht auf den Fluss.

Überboten wird der Anblick alljährlich noch im Frühjahr, wenn gegen Mitte April das malerische Naturschauspiel der Kirschblüte beginnt. Der kleine Park hinter St. Martinus ist zweireihig von Kirschbäumen gerahmt. In kürzester Zeit verwandeln die aufblühenden Bäume den Platz dann in ein rosarotes, duftendes Blütenmeer, das sich zauberhaft vor dem hellen Kirchenbau abhebt. Zwischen den Baumreihen über den schmalen Wandelpfad schlendern, den Duft und die Atmosphäre in sich aufsaugen. Oder sich mit einem guten Buch in den Schatten der Kirschbäume setzen und noch etwas länger verweilen. Pure Glücksmomente!

Warum nun nicht noch das Kirchinnere besuchen? Die Ausstattung ist lustvoll und prächtig. Mit Bleiglasfenstern und buntem Marmor, Deckenfresken und opulenten Holzschnitzereien. Der Hochaltar ist gewaltig, der Taufbrunnen eine Besonderheit: Er wurde bereits um 1200 gefertigt und stammt aus der mittelalterlichen Kirche, die sich einst an diesem Ort befand.

● Pfarrkirche St. Martinus und Park, Kirchstraße 5, 49733 Haren an der Ems

● ÖPNV: Bus 911, Haltestelle Mittelstraße

Verstecktes Wasser

9 Der Tunxdorfer Waldsee bei Papenburg

Manchen Orten sieht man ihre Entstehungsgeschichte nicht an. So ein Ort ist der Tunxdorfer Waldsee im Westen von Papenburg. Früher gab es hier einen Berg. Zumindest einen Hügel. 16 Meter über Normalnull, die höchste Erhebung der Tunxdorfer Berge. Dann kam die Flut. Das war im Jahr 1962. Die große Flut, die in der Nacht vom 16. auf den 17. Februar 1962 über die gesamte Nordseeküste hereinbrach und weit ins Land presste. Hochwasser an Elbe, Weser und Ems. Selbstverständlich wurde der Tunxdorfer Hügel nicht fortgespült. Vielmehr wurde er nach der großen Flut abgetragen, um den Sand an der nahen Ems und rund um Papenburg für bessere, sicherere Deiche neu aufzuschütten. Und dann grub man noch tiefer. Der Tunxdorfer Waldsee entstand als Baggersee und blieb dann einfach sich selbst überlassen.

Die Natur ließ sich nicht lange bitten.

Heute ist der See ein wunderschönes, gut verstecktes Fleckchen Erde. Naturnah, eingebettet in ein dichtes Waldstück mit Nadel- und Laubbäumen. Die meisten Bäume reichen schattig bis an die Ufer heran. Im Norden geben sie einem hellen, feinsandigen Strand Raum und einer seichten Lagune, die von zwei Landzungen liebevoll umarmt wird. Auch dort erobern sich Bäume Terrain und gestalten eine märchenhafte Landschaftskulisse. Den Ursprung des Sees erahnt niemand mehr.

TIPP
Vom Waldsee ist es nicht weit bis an die Auen der Tunxdorfer Ahe und der Ems – kurzes Spazierglück!

Wegen seiner schönen Lage und Stille ist der Tunxdorfer Waldsee beliebt, überlaufen ist er jedoch nicht. Ein zauberhafter Ort zum Schwimmen bei sommerlicher Hitze, zum Seele-baumeln-lassen am Strand, für ein Picknick am Lagunensaum. Oder für einen ausgedehnten Spaziergang über den Pfad, der den See einmal komplett umrundet. Im Sommer spiegelt sich das üppige Grün der Baumkronen in der stillen Wasseroberfläche, im Herbst sind es flammende Farben, an kalten Wintertagen legt sich ein pastellfarbener Schleier über die Landschaft. Die Atmosphäre bleibt magisch!

- Tunxdorfer Waldsee, Tunxdorfer Straße 4, 26871 Papenburg
- ÖPNV: Bus 969, Haltestelle Gorte Straße

Mit den Füßen fühlen

10

Über den Barfußpfad in Werlte

Unsere Füße leisten Schwerstarbeit. Etwa dreimal tragen sie uns im Laufe unseres Lebens um den Globus, stärken unsere Muskulatur und die Architektur des Körpers. Sie halten uns in Balance. Denn in unseren Fußsohlen befinden sich zahlreiche Rezeptoren, die jeden Untergrund präzise wahrnehmen, die schiefes Auftreten registrieren und ausgleichen. Tragen wir Schuhe – und das ist ja die Regel – werden viele dieser Mechanismen beeinträchtigt. Also einfach häufiger mal die Schuhe ausziehen!

Ein großartiger Ort, um sich von Schuhen und sonstigem Ballast zu befreien, ist der Barfußpfad Hümmlinger Land. Er wurde am gleichnamigen Camping angelegt, kann jedoch kostenfrei von jedermann genutzt werden. Schuhe aus, Socken aus und ab ins Regal damit. Dann kann es losgehen. An etwa 30 Stationen werden die nackten Fußsohlen durch verschiedenartige Untergründe und Materialien stimuliert. Eingebettet in niedrige Holzrahmen sind da zunächst kleine, runde Kiesel. Mit ihrer glatt polierten Oberfläche verschieben sie sich eigentümlich knirschend unter den Füßen. Das harte Material fühlt sich ungewohnt, jedoch nicht unangenehm an. Vorsichtig suchen sich die Füße ihren Weg. Leichter tasten sie sich durch den Rindenmulch, denn die Schnitze geben wie ein Waldboden federnd nach, kitzeln nur ein wenig. Hart und doch weich im Gefühl sind die Baumstämme, die etwas erhöht zum Balancieren auffordern. Feines Granulat wechselt mit Fettkräutern und einem Becken voller Sand. Große, unregelmäßige Flusskiesel stellen eine ganz eigene Herausforderung dar. Bemerkenswert, dass nackte Füße darauf trotzdem nicht umknicken. Ein kurzes Stutzen bei den geschliffenen Glasscherben, doch die sind glatt und dick und eigentümlich weich unter den Sohlen. Kindlich mutet dann das Matschbecken an. Es löst ein vertrautes, wohliges Gefühl aus. Befreiend ist es auch. Die Füße lernen neu zu fühlen und bevor sie wieder in Socken und Schuhen verschwinden, dürfen sie noch einmal ausgelassen in der Luft wedeln. Herrlich!

TIPP

Originell übernachten auf dem Campingplatz: im Baumzelt, Schlaffass oder Schäferwagen.

● Barfußpfad am Camping Hümmlinger Land, Rastdorfer Straße 80, 49757 Werlte
www.huemmlingerland.de

Beflügelnd

11 Unterwegs an der Hüvener Mühle

Die Geschichte der Mühlen beginnt mit dem Anbau von Getreide durch sesshaft gewordene Nomaden und der Notwendigkeit, Korn zu mahlen. Zuerst mit Mahlsteinen, die auf dem Boden liegend gegeneinander gerieben wurden, dann mit Mörsern, Handmühlen, schließlich trieben Tiere größere Mahlwerke an. Wasserräder kannte man ab etwa 3000 vor Christus als Treträder. Ab etwa 300 vor Christus machte sich der Mensch ein von Wasserkraft getriebenes Schöpfrad zunutze. Erst ein Jahrtausend später drang die Technik nach Norddeutschland vor. Ab dem 11. Jahrhundert kannte man dort dann auch Windmühlen.

Eine seltene Kombination aus Wind- und Wassermühle ist die Hüvener Mühle. Schon lange museal, aber funktionstüchtig. Vor allem überaus malerisch an der Mittelradde gelegen und von einem lauschigen Biotop mit Naturlehrpfad umgeben. Eine Augenweide. 1534 wurde sie als Wassermühle erstmals erwähnt. Offenbar war sie als Erbe von einem größeren Gehöft abgetreten worden, denn in der Urkunde heißt sie „Erfkotter tho Hüven de Möller". Ein Erfkotter ist eine Erbstelle. Die Mühle hatte eine ruhige, nur einmal durch einen Brand aufgerüttelte Geschichte. In den 1830er-Jahren wurde ihr eine Öl- und Walkmühle zur Seite gestellt. Weil die Mittelradde mitunter nur wenig Wasser führte, wurde sie zu einem Weiher aufgestaut, um den Mühlbetrieb zu sichern. Auch das reichte häufig nicht. Die Geschichte erzählt, dass der damalige Müller Abel nach neuen Wegen suchte und sie zusammen mit dem lokalen Mühlbaumeister Dierkes auch fand: der Wassermühle wurde eine Windmühle aufgesetzt. Durch eine raffinierte Kupplung konnten wechselweise Wind- oder Wasserkraft genutzt werden. Ein Erfolg über viele Jahrzehnte. Wie die meisten anderen Mühlgeschichten auch, endete die der Hüvener Mühle mit der aufkommenden Industrialisierung. Neue mechanische Mühlen machten Konkurrenz. Die Hüvener Mühle fiel in einen Dornröschenschlaf. Dass sie heute wieder strahlend schön am Weiher steht, ist dem Engagement des Fördervereins zu verdanken.

TIPP
Entlang der Hüvener Straße liegen drei beeindruckende Großsteingräber: ein lohnender Spaziergang!

- Hüvener Mühle, Hüvener Mühle 12, 49751 Hüven, www.huevener-muehle.de
- ÖPNV: Bus 942, Haltestelle Ostlähden Focke (ca. 1,4 Kilometer zu Fuß)

Mit dem Fluss mäandern

12

Entlang der Hase bei Haselünne

Über 169,6 Kilometer fließt die Hase von ihrer Quelle in den Höhen des Teutoburger Walds bis zur Mündung in den Dortmund-Ems-Kanal bei Meppen. Sie passiert vier Landkreise und zwei Bundesländer. Unterwegs zweigt die Else ab. Ein weiteres Flüsschen mit so einem charmanten Namen, das bald der Weser entgegenströmt. Die Hase fließt weiter durch ihr Urstromtal, fächert sich bei Quakenbrück im märchenhaften Binnendelta selbst in mehrere Arme auf und zieht in großzügigen Bögen durch Feuchtbiotope gen Westen.

Wer den Schleifen und Windungen der schönen Hase nachspüren, ein Stück ihrer Ursprünglichkeit erleben möchte, findet bei Haselünne den perfekten Ausgangspunkt. An der Bückelter Brücke führt ein Pfad hinab an den Fluss, wo ihn ein Uferweg begleitet. Dort liegt auch ein Kanuanleger, der öffentlich ist. Hier darf jeder zu einer Wassertour starten, einen Stopp einlegen oder an Land gehen. Auch für Flaneure hat das Holzplateau seinen Reiz. Streckt es sich doch der Flussmitte entgegen und bietet eine hübsche Aussicht auf das Blau des Wassers und die fernen Mäander, hinter denen Altflussarme verborgen liegen. Übrigens auch am frühen Morgen ein verwunschen schöner Platz.

Nun den Uferweg flussaufwärts nehmen, vorbei an Wiesen, die teils erhöht liegen und von denen wild dreinblickende Galloways herabglotzen. Die Vegetation wird wilder, Bäume und Büsche neigen sich übers Wasser. Teils sind die Ufer unterspült und drohen abzubrechen. Das Wasser gurgelt, die Hase wird schmaler, wirkt ursprünglicher. Immer weiter führt der Pfad, mäandert mit dem Fluss, bis er bald in den Wald abzweigt. Von dort führt ein Schlenker irgendwann zurück ans Wasser. Man kann jedoch einfach am Wasser bleiben und zurück zum Bootsanleger schlendern. Unterwegs Gänseblümchen pflücken oder eine Pusteblume und sich Gedanken darüber machen, ob eine gemütliche Kanutour über die Hase nun nicht noch genau das Richtige wäre.

TIPP

Gleich gegenüber ein Kanu mieten und die Haseschleifen vom Wasser aus erkunden (www.hasetour.de).

- Spaziergang ab Kanuanleger, Tönjesstraße/Bückelter Brücke, 49740 Haselünne
- ÖPNV: Bus 939, Haltestelle Hamm Dorf

Mystische Megalithkultur

13 Am Königsgrab von Groß Berßen

Kann ein Grab ein Glücksort sein? Die Hünengräber des Hümmlings und des übrigen Emslands können das ganz gewiss. Sie sind zutiefst berührende Zeugnisse einer längst vergangenen Kultur, die zu ihrer Zeit einen großen Sprung in der Geschichte der menschlichen Entwicklung schaffte: der Jungsteinzeit. Archäologen nennen es die Neolithische Revolution. Als eine bäuerliche Lebensweise das Jagen und Sammeln ersetzte, als Menschen sich neue Techniken aneigneten, um Getreide und Hülsenfrüchte anzubauen und um Vieh zu züchten. Statt in transportablen Zelten, begannen die Menschen in festen Häusern zu leben. Auch das „Haus für die Ewigkeit“ erhielt nun einen Platz im Alltag der Gesellschaft: für die Verstorbenen wurden eindrucksvolle Grabbauten aus Findlingen geschaffen. Heute kennen wir sie als Megalith- oder Großsteingräber. Im Mittelalter, als der Aberglaube die Vorstellung beflügelte, nannte man sie ehrfurchtsvoll Hünen- oder Teufelssteine. Denn wie hätten gewöhnliche Menschen die tonnenschweren Findlinge transportieren und aufschichten sollen? In Niedersachsen sind etwa 400 Megalithgräber in unterschiedlichem Zustand erhalten, ein guter Teil davon befindet sich im Emsland. Eines der bekanntesten ist das Königsgrab von Groß Berßen, das in einem kleinen Waldstück an der K 138 recht gut zu finden ist. Ein mit Grassoden bedeckter Grabhügel mit einem aus Findlingen geschichteten Zugang zur Grabkammer. Während andernorts die Felsen einstiger Grabkammern nur noch wie hingestreut anzutreffen sind, ist am Königsgrab die ursprüngliche Architektur erhalten. Grabbeigaben, die hier und an anderen Stellen gefunden wurden, erzählen vom Glauben der jungsteinzeitlichen Menschen an ein Leben nach dem Tod: Waffen, Nahrung, Schmuck aus Bernsteinperlen, Tierzähne oder Kupfer. Außerdem die für die Epoche typische, trichterförmige Keramik, die den Menschen dieser Zeit im norddeutschen Raum ihren Namen lieh: Trichterbecherkultur.

TIPP

Per Rad 33 Stationen der Megalithkultur in Nordwestdeutschland erkunden (www.strassedermegalithkultur.de).

- Königsgrab von Groß Berßen, K 138, Parkplatz Hünengräberstraße des Hümmlings, 49777 Groß Berßen
- ÖPNV: Bus 930, 947, Haltestelle Hüven West (ca. 1,1 Kilometer zu Fuß)

Wenn alte Mauern flüstern

14 Am historischen Rathaus in Meppen

Um die Herkunft des Namens Meppen ranken sich verschiedene Geschichten. Eine geht auf den weit verbreiteten Feldahorn zurück, dessen alte, niederdeutsche Bezeichnung „Mepelte" lautete. Eine andere Erklärung gefällt besonders gut, scheint sie doch überaus plausibel: Demnach leite sich der Name vom altsächsischen „Meppe" oder „Mappe" ab, was „Mund" und auch „Mündung" bedeutet. Dazu darf man wissen, dass bis zum Mittelalter die Hase bei Meppen in drei Armen in die Ems mündete. Otto der Große verlieh dem Kloster Corvey am 30. Mai 946 ein Markt- und Bannrecht für Meppen. In der lateinisch abgefassten Urkunde wird die Siedlung „Meppiun", also „an den Mündungen" genannt. Wasser war für die Stadt ein strategischer Vorteil. Es erleichterte den Warentransport und begünstigte den Handel. Im Mittelalter müssen Verbindungen zwischen Meppen und dem mächtigen Hansebund bestanden haben. Das goldene Schiff auf der Turmspitze des historischen Rathauses erzählt voller Stolz davon.

TIPP

Mehr zur Stadtgeschichte im Kulturnetzwerk Koppelschleuse erfahren.

Ebenjenes Rathaus mit seinem hochaufragenden Stufengiebel – Münsteraner Giebel sollen den Meppener Baumeistern als Vorbild gedient haben –, den Arkaden, vor allem jedoch der eigenwilligen Architektur aus mächtigen Findlingen am Untergeschoss und karminrotem Backstein am oberen Geschoss, ist heute das Wahrzeichen der Stadt. Findlinge und Ziegel markieren die unterschiedlichen Bauabschnitte um 1408 und von 1601 bis 1605. Zu den architektonischen Besonderheiten des Gebäudes gehören ein mit Schmuckelementen reich bestückter Sandsteinerker im Westen und filigran durchbrochene Giebelaufsätze, die an Muscheln erinnern. Noch eine Anspielung auf das Wasser? Die gefällige alte Architektur spielt sehr charmant mit Kontrasten. In der Dunkelheit werden sie besonders vorteilhaft ausgeleuchtet.

Ein historischer Ratssaal und ein Sandsteinkamin von 1605 lassen sich nur im Rahmen von Empfängen bewundern. Ein guter Grund, wiederzukommen!

- Historisches Rathaus, Markt 43, 49716 Meppen
- ÖPNV: Bus 1, 3, 4, Haltestelle Domhof

Zeitreise

15 Über die Grenze zur Festung Bourtange

Sie waren Weggefährten in der Geschichte, wenn auch nicht immer freundschaftlich miteinander verbunden: die niederländische Provinz Groningen und das Emsland. In den Wirren des Dreißigjährigen Kriegs wurde die Grafschaft Lingen zum Spielball der Niederländer und Spanier, wechselte mehrfach den Landesherrn und auch die Religion. Ihre Lage – insbesondere die der Festung Lingen – an der Flämischen Straße von Zwolle nach Hamburg und der Friesischen von Münster nach Emden, war strategisch bedeutend. Heute ist das Miteinander der Groninger und Emsländer friedlich. Man begegnet sich leidenschaftlich im Naturschutz, etwa in den Moorgebieten, die vor den Landesgrenzen nicht Halt machen. Jenseits vom grenzüberschreitenden Bourtanger Moor liegt die niederländische Festung Bourtange. Nur 2 Kilometer landeinwärts. Ein Katzensprung. Auch ein Sprung in eine längst vergangene Zeit. Denn Bourtange, einst aus strategischen Gründen unter Wilhelm I. von Oranien im schwer wegbaren Moor errichtet, ist so etwas wie eine Museumsstadt. Weil die Festung nach Abzug des Militärs im Jahr 1851 zunehmend verfiel und mangelnde Perspektive in dem kargen Landstrich auch viele junge Menschen veranlasste, ihr Glück anderswo zu suchen, traf die Gemeinde eine mutige Entscheidung: die Festung sollte rekonstruiert werden, die Geschichte belebt, die Dorfgemeinschaft neue Perspektiven erhalten.

TIPP
Jährlich am ersten Maiwochenende werden die historischen Schlachten um Bourtange nachgestellt.

Ab Mitte der 1960er-Jahre wurden Architektur, die doppelten, sternförmigen Festungswälle und Wassergräben in den Zustand von 1742 zurückversetzt. Kein Museum, das am Abend die Pforte verschließt. Vielmehr sind zahlreiche Häuser bewohnt. Die innere Festung ist wie ehedem nur über eine Zugbrücke erreichbar. Die ist einladend knallrot gestrichen. Die Gassen werden von Offiziershäusern gesäumt, es gibt eine Bockwindmühle, ein Gewürzhaus, eine Kirche und eine Synagoge. Museen, Cafés und sogar ein kleines Hotel. Wer auf seiner Zeitreise etwas länger verweilen möchte, findet hier ein charmantes Nachtlager.

● Festung Bourtange, Willem Lodewijkstraat 21, NL-9545 PA Bourtange

Gläsernes Windspiel

16 Der Bürgerbaum in Dersum

Er erinnert ein wenig an den Blechmann aus „Der Zauberer von Oz“, aus der frühen Verfilmung mit Judy Garland: der Bürgerbaum von Dersum. Seit 2004 steht die Edelstahlskulptur auf dem Platz vor Grundschule und Kindergarten. Etwa 5 oder 6 Meter hoch und weithin sichtbar. Trotz des starren Metalls wirkt die Skulptur dynamisch, beinahe weich. Trotz des ausladenden Stamms ist sie anmutig. Errichtet wurde der Bürgerbaum anlässlich der 1125-Jahrfeier der Gemeinde.
Seine Symbolik ist hintergründig. Um sie zu entschlüsseln, darf man ein wenig zurückschauen: in die Geschichte des Emslands, die von Dersum und die der Gesellschaft von einst. Der Stamm mit seinen Streben, die pulsierenden Lebensadern gleichen, teilt sich dreifach, bevor er in eine filigrane Krone mündet. Die Zahl drei steht hier für die historischen Stände und das gewachsene Ratswesen, wohingegen die „Lebensadern“ die Entwicklung der Familien im Ort symbolisieren. Da gibt es die alteingesessenen Familien, deren Geschichte die Wurzeln des Bürgerbaums bilden, und die Menschen, die im Laufe der Zeit zuzogen. Ihre Geschichte beginnt mit neuen Ästen. Alte und neue Lebensadern werden verwoben und bilden einen starken Stamm. Das stählerne Geäst verzweigt sich, bildet Blätter aus. Es sind Blätter aus Glas, leicht bläulich, organisch. Sie tragen die Namen von Zeitzeugen, von Neugeborenen, von goldenen Hochzeiten. So wächst der Baum weiter. Langsam, beständig, beglückend.

TIPP
Picknicken in der Schutzhütte am Altarm der Ems, nur einen kurzen Spaziergang entfernt.

Die gläsernen Blätter hat ein lokales Unternehmen gefertigt. Sie sind innig, aber doch flexibel mit dem stählernen Geäst verbunden und bewegen sich leise im Wind. Wie ein Windspiel mit zartem Klang, dem man nur zu gerne lauscht. Steht die Sonne günstig, brechen sich ihre Strahlen im Glas und zeichnen ein Kaleidoskop der Farben auf das Pflaster. In der Nacht verwandelt künstliches Licht den Bürgerbaum in einen magischen Silbermond.

- Bürgerbaum, Kolpingplatz, 26906 Dersum
- ÖPNV: Bus 961, Haltestelle Grundschule

Schulte-Kleene
Heinz Kleene
Kampen

Kunst ist ein Glücksspiel

17

Inspiration in der Kunsthalle Lingen

1835 wurde die erste kurze Eisenbahnverbindung zwischen Nürnberg und Fürth eröffnet.1856 begann für Lingen mit der Anbindung an das deutsche Bahnnetz eine Epoche des wirtschaftlichen Aufschwungs. Bald entstanden hier die größten Eisenbahnwerkstätten des Nordwestens, wo zur Hochzeit Anfang des 20. Jahrhunderts 2287 Arbeiter beschäftigt waren. Eine Erfolgsgeschichte, die erst 1996 endete. Das Werk wurde gänzlich stillgelegt. Schon sechs Jahre zuvor hatte die Stadt Lingen aus dem Industriekomplex die Halle IV mit denkmalgeschützter Ziegelsteinfassade aus der Zeit um die Jahrhundertwende erworben. Heute dient sie der Kunsthalle Lingen als Podium für zeitgenössische Kunst. Mit wechselndem Ausstellungsprogramm und einer ständigen Repräsentanz des in Lingen geborenen Künstlers Harry Kramer (1925-1997), der vor allem für seine ätherischen Drahtskulpturen und kinetischen Arbeiten bekannt ist. Kramers kinetisches Werk war auch Teil der Documenta III in Kassel.

Großzügige weiß getünchte Hallen, viel Tageslicht, das durch die alten Sprossenfenster und Oberlichter ins Innere fällt, Industrielampen, schlichte Trennwände. Eine schnörkellose Bühne für die Arbeiten junger unbekannter wie auch international renommierter Künstler. Lingen zeigt sich streitbar und stellt den Sinn und Unsinn von Kunst immer wieder zur Diskussion. In interdisziplinären Formaten: Neben Ausstellungen bieten Vorträge und Künstlergespräche, Konzerte und Kunstreisen vielfältige Anknüpfungspunkte für das interessierte Publikum. Besonders betont wird die Rolle der gegenwärtigen Kunst für die Gesellschaft: Kunst als Kitt oder Kritik, als Ausdruck und Haltung, als Befreiung. Hinter alldem steht als dynamische Kraft der Lingener Kunstverein, Träger der Kunsthalle.

Kunst ist ein Glücksspiel. Nicht jedem Talent gelingt es, von der Öffentlichkeit wahrgenommen zu werden. 1983 wurde der Lingener Kunstpreis als Instrument der Kunstförderung etabliert. Damit Kunst auch weiterhin streitbar und sichtbar bleiben kann.

TIPP

Sehenswert: das unter Denkmalschutz stehende Empfangsgebäude des Bahnhofs gleich gegenüber.

- Kunsthalle Lingen, Kaiserstraße 10 a, 49809 Lingen an der Ems
www.kunsthallelingen.de
- ÖPNV: Bahn oder Bus 10, 11, 21, Haltestelle Bahnhof/ZOB

Kunsthalle
Kunsthalle
Kunsthalle
Kunsthalle

Lustwandeln

18 Kulturgenuss auf Gut Altenkamp

Niemand verstand es, Überlegenheit so gekonnt in Szene zu setzen wie die Fürsten des Barock. Ihre Sprache aus Symbolen, Gesten und Verhaltensweisen war eine Sprache der Macht, ihre Regeln und Logik waren tief verhaftet in der Mentalität der damaligen Zeit. Im Barock wurde die Selbstdarstellung zur Kunstform erhöht. Die Bühne dafür boten repräsentative Residenzen, umgeben von großartigen Gartenanlagen und Bosketten. Deren Hauptaufgabe bestand darin, Zerstreuung zu bieten. Oder vergnüglichen Festivitäten einen opulenten Rahmen. Hatten sich die Landschaftsgärtner der Renaissance an Italien orientiert, avancierte Frankreich schnell zum Vorbild barocker Gärten. Streng geometrisch gegliedert, mit Haupt- und Nebenachsen, Wegen und verspielten Wasserbassins, gerahmt von Hecken in Formschnitt.

TIPP

An einem der Literatur- oder Konzertabende im Gutshaus teilnehmen.

Auf Gut Altenkamp entstand unter Hermann Anton von Velen, damals Droste im Emsland, ab 1728 ein barockes Anwesen mit ausgedehnter Gartenanlage. Der alte Burgmannssitz, der dort seit 1601 bekannt war, konnte die gehobenen Ansprüche des neuen Besitzers nicht erfüllen. Acht Jahre dauerten die Arbeiten nach Plänen des Architekten Peter Pictorius, bevor Edeldamen mit raschelnden Röcken und Kavaliere mit seidenen Strümpfen dort lustwandeln konnten. Schon damals wurden Taxushecken gepflanzt. Obschon der Garten im Verlauf seiner Geschichte einer profanen Nutzung zugeführt wurde, blieb ein Großteil des kostbaren Gehölzes erhalten. 1981 erwarb die Stadt Papenburg Herrenhaus und Barockgarten, ließ beides behutsam restaurieren, sodass heutige Besucher den einstigen Charme der Anlage auskosten können. Die Zufahrt wird von alten Bäumen gesäumt. Unter ihren Kronen breitet sich im Frühjahr ein Meer blau blühender Krokusse aus. In der Gräfte spiegelt sich die alte Herrlichkeit. Die Räumlichkeiten von Gut Altenkamp sind zur Bühne für die Kunst geworden. Dort werden wechselnde Ausstellungen zu kunst- und kulturhistorischen Themen gezeigt. Häufig in Kooperation mit der Stiftung Preußischer Kulturbesitz.

- Ausstellungszentrum Gut Altenkamp, Am Altenkamp 1, 26871 Papenburg
- ÖPNV: Bus 963, 965, 974, Haltestelle Bahnhof/Große Straße

Alles im Fluss

19 Am Listruper Emswehr

Seit dem 17. Jahrhundert gab es Anstrengungen, durch menschliche Eingriffe in den Flusslauf der Ems, Überschwemmungen zu vermeiden: Begradigungen und Uferversiegelung veränderten das Landschaftsbild nachhaltig. Zukünftige Auswirkungen auf Mensch und Natur konnte man nicht absehen, hatte vielmehr den unmittelbaren Nutzen für die damalige bäuerliche Gesellschaft im Blick. Bei der Neuordnung Europas auf dem Wiener Kongress fiel 1815 das Münsterland an das Königreich Preußen, das Emsland an das Königreich Hannover. Durch beide Regionen mäandert die Ems. Als Lebensader und Wirtschaftsweg. Beide Regionen verpflichteten sich, den Fluss ganzjährig schiffbar zu machen. Damals waren Flachbodenboote für den Gütertransport gebräuchlich. Die sogenannten Pünten ließen sich flussabwärts treiben. Flussaufwärts fuhren sie unter Segelkraft oder wurden getreidelt: von Mensch oder Tier gezogen.

Bei Listrup, das heute zu Emsbüren gehört, entstanden zwischen 1825 und 1828 ein Wehr und eine Schleuse. Das Schleusenbecken aus beständigem Bentheimer Sandstein – auch der ein typisches Gut für den Transport mit Pünten – ist noch heute in Betrieb. Sportboote, die hier passieren wollen, übernehmen die Aufgaben des Schleusers, öffnen und schließen die hölzernen Tore der Schleusenkammer selbst. Wie einst mit der Handkurbel. Spannend, dem rauschenden Wasser zuzusehen!

TIPP

Am Ufer vis-à-vis (Ende Kespelweg) liegt ein schattiger Picknickplatz mit Blick auf die „raue Rampe".

Noch spannender ist der Blick auf die „raue Rampe". Seit vielen Jahren werden die früheren Regulierungen der Ems zurückgebaut, die Landschaft renaturiert. Bei Listrup entstand 2007 anstelle des Wehrs eine natürliche Hochwasserbarriere, die dennoch Fischen und anderen Flusslebewesen Durchgängigkeit gewährt. Dafür sorgen Kaskaden unterschiedlich großer Felsen. Wie in einem Wildwasserfluss springt die Ems über das Gestein. Ein faszinierender Anblick. Gleichzeitig wurden die Emsufer kilometerweit entsiegelt und die menschliche Landschaftspflege stark reduziert. Heute gehört dieser Ort zum Naturschutzgebiet Emstal. Überaus beglückend!

- Listruper Schleuse, Zum Emswehr 5 a, 48488 Emsbüren
- ÖPNV: Bus 143, Haltestelle Kruse

Wie das blaue Meer

20 Flanieren am Speicherbecken in Geeste

Man könnte ihn für das Meer halten, den See bei Geeste, der sich wie ein blauer Edelstein in die grüne Kulturlandschaft schmiegt. Eingefasst von einem Deich, der Flaneuren die besten Wasserblicke bietet. Führt doch ein etwa 6 Kilometer langer Weg über die Deichkrone und einmal in ausladenden Schleifen um den See herum. Dort haben übrigens auch Radfahrer viel Platz. Der See trägt den etwas spröden Namen Speicherbecken. Und genau das war lange Zeit seine eigentliche Funktion: ein gigantischer Wasserspeicher für die Kraftwerke im nahen Lingen. Etwa 2 Kilometer misst das Speicherbecken von Nordwest nach Südost, an der breitesten Stelle sind es fast 1,5. Angelegt wurde es in den 1980er-Jahren in den damaligen Waldgebieten Biener Sand und Geester Sand. Heute hat es sich zu einem beliebten Treffpunkt für Wassersportler, Müßiggänger und sogar Taucher entwickelt, die in der Unterwasserwelt auf Aale, Barsche und kleine Einsiedlerkrebse treffen. Im Norden säumt ein weitläufiger Sandstrand das Seeufer. Dort gibt es auch Gastronomie, einen Spielplatz, schattige Bäume. Ein Segelclub und ein Windsurfclub haben sich an gegenüberliegenden Ufern mit ihrem Angebot etabliert. Bei günstigem Wind ziehen bunte Boote und geblähte Segel übers Wasser. Wer die ganze Seenrunde wagt, sieht am Westufer ein Bauwerk, das an einen in den Fluten versunkenen Wasserturm erinnert. Es ist der Entnahmeturm, der ein überaus attraktives Fotomotiv abgibt.

TIPP
Im Norden des Sees liegt ein Trailpark für sprung- und hindernisfreudige Mountainbiker.

Ein Kleinod am Speicherbecken ist das im Norden gelegene Biotop: Drei buchtenreiche Stillgewässer mit Inseln, Steilufern und Flachwasserzonen, teilweise sumpfigem Gelände. An den Ufern schließen sich Feuchtwiesen, Erlenbruchwald und Röhrichtzonen an. Das Biotop wurde als ökologische Ausgleichsmaßnahme für den Bau des Sees angelegt und hat heute eine große Bedeutung als Brutgebiet für Wasservögel. Ein Aussichtshügel bietet einen herrlichen Blick auf das sonst nicht zugängliche Naturschutzgebiet.

- Speicherbecken, Biener Straße 15, 49744 Geeste
- ÖPNV: Bus 171, 900, 904, Haltestelle Speicherbecken

Nasser Klimaschützer

21

Das Theikenmeer zwischen Werlte und Sögel

Viel Wasser, wenig Sauerstoff und kaum Nährstoffe. Moore stellen besondere Herausforderungen an ihre Bewohner. Doch die entwickeln außergewöhnliche Strategien, um in diesem eigenwilligen und dabei so verletzlichen Habitat zu überleben. Sie gehen Allianzen mit Pilzen ein, filtern Nährstoffe aus dem Niederschlag oder kehren die Nahrungskette einfach um: als fleischfressende Pflanze. Die Arten zeigen sich einfallsreich!

Dass der aufmerksame Besucher die ebenso faszinierenden wie seltenen Moorbewohner rund um das Theikenmeer heute wieder beobachten kann, ist dem initialen Engagement einer Gruppe Jugendlicher und der Unterstützung eines prominenten Tierschützers zu verdanken. Ende der 1970er-Jahre waren die Reste des eiszeitlichen Heideweihers trockengefallen, obschon er bereits seit 1936 unter Naturschutz stand. Die Jugendlichen vom Hümmling, die sich später zur Ortsgruppe NABU Werlte-Sögel zusammenschlossen, hatten den einflussreichen Tierschützer Professor Bernhard Grzimek und später weitere bedeutende Unterstützer für die Renaturierung des Theikenmeers gewinnen können. Der Rest ist Geschichte.

TIPP

Ein kurzes Stück die Ostenwalder Straße entlang liegt das gleichnamige Megalithgrab.

In 30 Jahren sind Theikenmeer und Moor zwischen Sögel und Werlte aufgelebt. Sonnentau, Libellen, Kreuzottern und Moorfrösche, auch die seltene Rohrweihe sind zurückgekehrt. Einen fantastischen Ausblick auf den Weiher und die anschließenden Hochmoorflächen bietet der Aussichtsturm Wehmer Dohse. Von dort übersieht man im Frühjahr die natürlichen Brutplätze für Wat- und Wiesenvögel. Darunter der Kiebitz, den man so gut an seiner wippenden Schopffeder erkennt, und die Bekassine, deren auffälligstes Merkmal ihr langer Schnabel ist. Sogar der Glücksvogel Kranich hat das Theikenmeer als Brutplatz entdeckt.

Wegen seiner Artenvielfalt und beispielhaften Renaturierung findet das Gebiet internationale Beachtung. Hoffnungsfroh stimmt auch, dass eine intakte Moorlandschaft ein natürlicher Klimaschützer ist: Nasses Moor und wachsender Torfkörper binden Kohlendioxid dauerhaft.

- Theikenmeer, Parkplatz der Naturparkstation Sögeler Straße (Zufahrt gegenüber Menschenberg), 49757 Werlte
- ÖPNV: Bus 931, Haltestelle Menschenberg (am Parkplatz) oder Hünenstein (am Megalithgrab)

Kein weißer Fleck

22 Das Kulturzentrum Alte Molkerei in Freren

Kunst und Kultur brauchen Leidenschaft, ein bisschen Verrücktheit, vor allem einen langen Atem: um Förderer für die eigenen Ideen zu gewinnen. Denn ohne Förderer geht es nicht. Was Kulturschaffenden in der Großstadt bereits viel Engagement abverlangt, gleicht im ländlichen Raum einem Geniestreich. Gelingen kann es. Dafür gibt es gute Beispiele. Eines mit besonderer Strahlkraft ist das Kulturzentrum Alte Molkerei in der Samtgemeinde Freren.

Eine zweite Karriere für die ehemalige Milchfabrik, die mit der Marke „Ems Mädel" weit über die Grenzen der Region hinaus bekannt war. Firmengründer Heinrich Brüne hatte zu Beginn des 20. Jahrhunderts einen Frischmilch-Bahnversand ins Ruhrgebiet aufgebaut. Das „Ems Mädel" gab es da allerdings noch nicht. Name und Logo mit Mädchen in blauem Kleid und roten Schuhen waren eine spätere Erfindung seiner Söhne, die bald Schulen mit haltbarer Pausenmilch und neumodischen Kakaogetränken versorgten. Das Logo prangt noch heute hoch oben an der Fassade des alten Molkereigebäudes. Doch aus der Milchfabrik ist längst ein Kulturbetrieb geworden.

TIPP
Programm und Tickets im Vorverkauf auf der Website vom Kulturkreis Impulse.

1991, zwei Jahre nach Stilllegung der Molkerei, übernahmen die Schwestern Ruth Brüne, Mariele Fasselt und Annette Balzer den Gebäudekomplex. Künstlerisch interessiert, zwei der Schwestern auch beruflich mit der Musik verbunden, teilten sie die Vision, der Kunstförderung auf dem Land eine Plattform zu geben. Sie gründeten den Kulturkreis Impulse. Die leer stehende Molkerei sollte zur Bühne für Theater und Konzerte, für Ausstellungen und Tanz werden. Eine kulturelle Begegnungsstätte. Alle Wunschpartner zu einen, gelang nicht sofort. Dann setzte Freren seinen eigenen Punkt in die Kulturlandschaft. Kein weißer Fleck mehr auf der Landkarte. Heute hat der Kulturkreis etwa 180 Mitglieder. Mehr als 50 fabelhafte Veranstaltungen jährlich organisiert eine aktive Gruppe aus zwei Dutzend Vereinsmitgliedern. Darunter auch Workshops, Kino, Kabarett. Alles ehrenamtlich. Ein bisschen verrückt und ziemlich gut!

- Kulturkreis Impulse in der Alten Molkerei, Bahnhofstraße 79, 49832 Freren
  www.impulse-freren.de
- ÖPNV: Bus 192, 195, Haltestelle Lindenstraße

Kulturzentrum
Alte Molkerei
Kulturkreis
impulse
Samtgemeinde
Freren e.V.
Ich bin ein
Bücher-
schrank!
westenergie

Im verwunschenen Garten

23 Kräuterhof Rosen in Geeste-Bramhar

Im Mittelalter waren Heil- und auch Giftpflanzen im Alltag der Menschen wichtig. Wildkräuter wuchsen überall in der Natur. Wer um ihre Wirkstoffe wusste, konnte sie sammeln, zubereiten und nutzbringend anwenden. Zentren der Naturheilkunde waren die Klöster. Dort wurden Pflanzen und Kräuter kultiviert, deren Nutzung oft bis in die Antike zurückreichte. Und dort trugen Mönche ihr umfangreiches Wissen über Botanik, die Anwendung und Wirkung von Heilkräutern über Jahrhunderte zusammen. Der Nachwelt in kostbaren Manuskripten erhalten, innerhalb des Klosters an die nächste Generation weitergegeben.

Viele Heilpflanzen wachsen auch heute noch in Kräuter- oder Küchengärten, andere sind in Vergessenheit geraten. Wieder andere erleben ein Comeback. Aber wie steht es um das Wissen in Bezug auf ihre Wirkung?

TIPP

Immer sonntags und an Feiertagen ländliches Frühstücksbüffet mit hausgemachten Leckereien.

Ein magischer Ort, um altes Wissen neu zu lernen, ist der Kräuterhof Rosen in Geeste-Bramhar. Im alten Heuerhaus am Waldrand, liebevoll renoviert und hergerichtet, stand die Verbindung zwischen Mensch und Natur immer im Mittelpunkt. Ein Kräutergarten gehört selbstverständlich dazu. Das Ziegelhaus mit dem tiefgezogenen Dach, den weißen Sprossenfenstern und grünen Fensterläden bietet ihm die passende Kulisse. Hinter Staketenzäunen sind streng symmetrisch Beete mit Buchsbaumfassung angelegt. Akkurat geschnitten. So bilden sie einen schönen Kontrast zur wilden Möhre, zum zart wogenden Dill, zu Spitzwegerich und Thymian, zur leuchtenden Kapuzinerkresse. Die Nase ist schnell voll vom intensiven Duft. Ein Blatt oder einen Stängel zwischen den Fingern zerreiben verstärkt den Duft. Frisch verarbeitet entfalten Heil- und Nutzpflanzen ihre Wirkung am besten, lernt man bei den Kräuterführungen. Getrocknet nur über einen kurzen Zeitraum. Auf dem Hof werden unterschiedlichste Workshops angeboten, die die Verbindung zur Natur stärken. Selbstverständlich können Besucher einfach das Ambiente genießen, im Hofladen stöbern oder an einem der lauschigen Plätze die köstlichen Kuchen probieren.

- Kräuterhof Rosen, Zum Wald 12, 49744 Geeste-Bramhar
  www.kraeuterhof-rosen.de
- ÖPNV: Bus 904, 906, Haltestelle Am Sportplatz (noch ca. 1,1 Kilometer zu Fuß)

Herzlich

24 Mauergedichte in Sögel

Kunst im öffentlichen Raum begegnet allen. Unvermittelt, direkt, manchmal zum Anfassen. Anders als der überwiegende Teil von Kunstwerken, von Gemälden, Skulpturen oder Installationen, die sich hinter den Türen von Museen oder Galerien befinden, ist die öffentliche Kunst in die Gestaltung von Straßen, Plätzen und Parks oder in die Architektur integriert. Sie ist an alle adressiert und für alle sichtbar. Obschon unaufdringlich, kann sich ihr der Betrachter nur schwer entziehen. Denn früher oder später schiebt sich öffentliche Kunst in die eigene Blickachse. Ein kurzes Innehalten wird dann bereits zur Auseinandersetzung. Ein Stehenbleiben, Betrachten, Nachdenken oder Fotografieren schon zu nachhaltiger Interaktion.

Motive, die vermutlich auch für die Initiatoren des Projekts „Mauerwerk" zur Triebfeder wurden. „Mauerwerk", das sind poetische Zeilen an den Mauern der Samtgemeinde Sögel. Mauergedichte. Ein Dutzend seit Beginn des Projekts im Jahr 2012. Die Gedichte – manchmal sind es nur Fragmente – sind an den Fassaden von Häusern, Schulen und öffentlichen Gebäuden angebracht. In unterschiedlicher Typo und Farbigkeit. Klassiker von Mörike, Eichendorff oder Goethe, unbekanntere Zeilen von Willi Ennulat, der im Emsland lebt. Ein Gedicht von Alexander Alexandrowitsch Blok, Vertreter der russischen Moderne, ist darunter. Es tanzt in kyrillischen Buchstaben über die Turnhalle am Waldbad. Auch die grafische Umsetzung darf als Kunstform gelesen werden, wurden doch verschiedene Künstler damit beauftragt.

Am ovalen Anbau des Rathauses am Ludmillenhof ein Gedicht der großen Annette von Droste-Hülshoff. „Herzlich" ist Mauergedicht Nummer 7. Die schnörkellosen, weißen Buchstaben auf dem dunkelgrauen Klinker verleihen den kraftvollen Zeilen noch mehr Ausdruck. Der Betrachter kann weiterschlendern. Oder in sich hineinhorchen. Denn vielleicht haben die Verse ja sein Herz berührt. Die Mauerwerkler wären sicher beglückt.

TIPP

Mauergedichte sammeln auf einem Stadtspaziergang. Info bei der Tourist-Information, Am Markt 2.

- Mauergedicht am Rathaus Ludmillenhof, Ludmillenstraße 10, 49751 Sögel
- ÖPNV: Bus 930, 947, Haltestelle Neues Rathaus

RATHA
Herzlich
All meine Rede
und jegliches Wort
Und jeder Druck
meiner Hände.
Und meiner Augen
kosender Blick,
Und alles,
was ich geschrieben:
Das ist kein Hauch
und ist keine Luft,
Und ist kein Zucken
der Finger,
Das ist meines Herzens
flammendes Blut,
Das dringt hervor
durch tausend Tore.
Annette von Droste-Hülshoff
(1797-1848)

Kunst zum Kaffee

25 Café im Professorenhaus Lingen

In der kleinen Stube warten nostalgische Bugholzstühle auf Gäste. Sie drängeln sich um zierliche Bistrotische, daneben ein antikes Küchenbuffet. Statt Teller und Tassen stehen Bücher und Broschüren mit aktuellen Informationen zu Kunst und Kultur und schön gestaltete Stadtpläne auf den Borden. An der Wand Henning Rethmeiers „Kneipenszene" mit viel hellem Blau, Sonnengelb und einigen Tupfern Rot und Grün. Der norddeutsche Künstler wurde 1984 mit dem Lingener Kunstpreis ausgezeichnet. Wie weitere Kunstwerke von Marieta Chirulescu und Georgia Gardner Gray – beide ebenfalls Preisträgerinnen – ist das Bild eine Leihgabe der Kunstsammlung Lingen. Dort ist man der Ansicht, dass diese Kunst perfekt in das schöne Kaffeehaus passt.

Das Café im Professorenhaus ist ein besonderer Ort. Es befindet sich unter einem Dach mit der Studiobühne Lingen und dem Theaterpädagogischen Zentrum, kurz TPZ. Eine generationenübergreifende Einrichtung der kulturellen Bildung für Tanz und Theater, Zirkus und Spiel für das Emsland und die benachbarte Grafschaft Bentheim. Die Atmosphäre dort ist kreativ aufgeladen, während das Café nebenan ein Ort der Entschleunigung ist. Dort treffen sich Menschen auf einen Kaffee oder kommen allein und greifen zur Lektüre vom alten Küchenbuffet. Der Kuchen ist hausgemacht, das Angebot wechselt häufig. Im Sommer sitzen Gäste auch draußen, im Schatten eines schönen alten Baums und mit Blick auf das hübsche Gebäude.

TIPP
Innovative Workshops, Tanz, Theater und mehr im TPZ – dem Theaterpädagogischen Zentrum – besuchen.

Ein Fachwerkbau, hell verputzt mit barocken Stilelementen. Entstanden ist das Professorenhaus in den Jahren 1684 und 1685 als erste Lateinschule der Stadt. Später von der Universität mitgenutzt und bis heute davon beseelt. Wer Gelegenheit hat, durch die Räumlichkeiten zu gehen, wird den hübschen Innenhof entdecken.

Auch während der abendlichen Veranstaltungen im TPZ kommen Besucher in den Genuss der besonderen Atmosphäre vom Café im Professorenhaus. Dann wird es zu einer heiteren kleinen Weinbar für Theaterbesucher und zur Bühne für kunstsinnige Gespräche.

- Café im Professorenhaus, Universitätsplatz 5-6, 49808 Lingen an der Ems
www.tpzlingen.de
- ÖPNV: Bus 10, 21, 41, Haltestelle Burgstraße

Lebensgeschichten

26 Die Alte Drostei in Papenburg

Im Mittelalter bekleidete ein Droste das vornehmste Amt bei Hof. Er stand der Tafel vor, dem Ort, wo im Gefolge eines Fürsten nicht nur politische und militärische Entscheidungen getroffen wurden. Vor allem wurden dort im Geflecht persönlicher Beziehungen und Günstlingswirtschaft Ämter vergeben, die ihrerseits mit einer Fülle von wirtschaftlichen Vorteilen und Befugnissen einhergingen. Der Droste war ein mächtiger Mann. Zuerst wurde auch dieses Amt vom herrschenden Fürsten an einen – im besten Fall befähigten – Günstling vergeben, später wurde das Amt erblich. Der Droste stieg zum Statthalter des Landesherrn auf. Im Emsland hatte dieses Amt seit 1542 die Familie von Velen inne. Dietrich von Velen, der 1591 auf der Paulsburg in Meppen geboren wurde, folgte seinem Vater 1611 ins Amt. Er gilt als Gründer der Stadt Papenburg, denn er war es, der nach niederländischem Vorbild die erste Moorkolonie auf deutschem Boden gründete, Land für die Siedlung und die Landwirtschaft erschloss, indem er es über einen neuen Kanal in die Ems entwässerte und einen Hochwasserschutz installierte. 1657 erhob der Fürstbischof von Münster die Kolonie Papenburg zur Herrlichkeit.

Von Velens Amtssitz, die Alte Drostei von 1636, ist heute das älteste erhaltene Bauwerk der Stadt. Ein strahlend weißes Ensemble aus zweistöckigem Haupthaus und tief geduckten Nebengebäuden, deren Aussehen auf Umbauten im 18. Jahrhundert zurückgeht. Die Alte Drostei ist zum Ort der Begegnung und persönlicher Lebensgeschichten geworden. Hier wird ein Stück Stadtgeschichte erlebbar. Etwa mit einem im Original erhaltenen Drostezimmer oder in der Bibliothek mit kostbaren Bänden aus dem 14. bis 20. Jahrhundert. Eine Schenkung der Familie Behnes aus Aschendorff. Mit ihren eigenen Geschichten können Besucher der Drostei die alten Räume füllen. Einer Lesung beiwohnen, in einer ostfriesischen Teezeremonie alles über das belebende Getränk erfahren, wechselnde Ausstellungen besuchen oder auf einen Kaffeeklatsch vorbeikommen.

● Alte Drostei, Hauptkanal rechts 13, 26871 Papenburg, www.alte-drostei.de
● ÖPNV: Bus 600, 622, 963, Haltestelle Alte Werft/Zeitspeicher

Kühle Schöne

27 Der alte Wöhlehof in Spelle

Frisch herausgeputzt nimmt das hübsche Fachwerkensemble Wöhlehof in Spelle einen zentralen Platz im Alltag der Samtgemeinde ein. Im jungen Kultur- und Begegnungszentrum hinter alten Mauern finden so unterschiedliche Veranstaltungen wie Ballettunterricht, Familiennachmittage, Theater oder Konzerte statt. Der Hof ist ein Treffpunkt voller Atmosphäre für die Menschen vor Ort. Wenn jedoch Besucher im rechten Augenblick vorbeischauen, steht einem gemeinsamen Kulturerlebnis nichts im Wege.

Als typisch niederdeutsches Bauernhaus ist das Haupthaus 1791 entstanden. Es ist leicht am zurückspringenden grünen Portal und dem dunklen Türsturz mit Inschrift zu erkennen. Die Remise stammt von 1842. Zum Ensemble gehören außerdem einige Scheunen. Mit dem alten Baumbestand, der die Gebäude schattig einrahmt, steht hier der letzte erhaltene Fachwerkhof in Spelle.

Fachwerk ist bereits seit dem 5. oder 6. Jahrhundert in Deutschland bekannt. Erst im Mittelalter wurden jedoch mehrgeschossige Häuser in der heute bekannten Fachwerktechnik mit dem tragenden und sichtbaren Skelett aus Holz gebaut. Oft entstanden sie in waldreichen Gegenden, wo das für den Hausbau benötigte Material, bevorzugt Fichte oder Eiche, ausreichend zur Verfügung stand. Die Gefache – die Leerräume zwischen den Holzbalken – wurden zu Beginn mit Holzgeflecht oder Lehm verfüllt. Häufig konnte Lehm direkt aus der Baugrube entnommen werden. Ein exzellentes Dämmmaterial, das für ein angenehmes Raumklima sorgt und heute wegen seiner positiven Eigenschaften ein Revival erlebt. In ihrer Blütezeit zwischen dem 13. und 16. Jahrhundert wurden Fachwerkhäuser mit bis zu acht Stockwerken errichtet. Es entstanden wunderschöne Patrizierhäuser mit prächtigen Holzschnitzereien und farbiger Bemalung. Inschriften wie die in Spelle kamen im 17. Jahrhundert auf. Selbst die schlichten Bauten sind immer auch ein Zeugnis höchster Zimmermannskunst.

TIPP

An der Deutschen Fachwerkstraße schönste Fachwerkhäuser entdecken (www.deutsche-fachwerkstrasse.de).

- Kulturzentrum Wöhlehof, Pastor-Batsche-Weg 1, 48480 Spelle
- ÖPNV: Bus 133, 141, 195, Haltestelle Schulzentrum

Duftendes Idyll

28

Im Wacholderhain von Haselünne

Mit seinen zahlreichen Megalithgräbern ist das Emsland reich an Zeugnissen einer jungsteinzeitlichen Besiedlung. Auch in Haselünne gibt es Spuren davon. 1935 wurden auf dem Gemeindegebiet außerdem Reste einer sächsischen Hofstelle entdeckt, die eng mit dem Namen der Stadt verknüpft ist: War doch die nahe Hase an dieser Stelle seicht genug für eine Furt. Die wurde durch Einlegen von Rundhölzern, den sogenannten „lunni", befestigt. Zusammen mit der Flussbezeichnung „hassa" – dunkles Wasser – entstand so der Ortsname Haselünne.

Am südlichen Stadtrand, dort, wo sich die Hase als weit ausholende Schleife in die Landschaft gegraben hat, liegt der Wacholderhain. Er ist Teil des Naturschutzgebietes Untere Haseniederung und darf in der einzigartigen Verbindung mit Wiesen und Flussaltarmen, sumpfigen Niederungen und sandigen Heideflächen als seltene Landschaftsform gelten. Der hier dominante Wacholder ist ein Methusalem. Das Gehölz mit den stacheligen Nadeln und duftenden Zapfen kann bis zu 2000 Jahre alt werden. Die meisten Gewächse im Haselünner Wacholderhain sind etwa 150 Jahre alt. Zu Hunderten stehen sie einzeln oder in dichten Gruppen. Auf dem sandigen Heideboden gedeihen die langsam wachsenden Bäume am besten. Entstanden ist der Hain aus einer Allmendeweide, wo einst Bauern gemeinschaftlich ihr Vieh grasen ließen. Wacholder wird jedoch vom Weidevieh gemieden. So konnte er sich über Jahrhunderte ungehindert an der Hase ausbreiten. Heute sorgen zottelige Hochlandrinder und genügsame Tarpane für die Beweidung. Die Tarpane in Haselünne sind Rückzüchtungen der alten Wildpferderasse, deren Lebensraum sich einst bis in den Ural erstreckte. Zusammen mit den Rindern, deren Gehörn auf eine imposante Spannweite von 1,60 Metern wachsen kann, sind sie ein echter Blickfang.

Schon den Römern war die Wirkung von Wacholder bekannt. Aus den Beerenzapfen werden heute Branntweine wie Gin hergestellt. In der Küche werden sie zu Wildgerichten serviert, ihre ätherischen Öle beleben die Haut.

TIPP

In Haselünne hat Schnapsbrennen Tradition: eine Führung bei Rosche, Berentzen oder Heydt mitmachen.

- Wacholderhain, Andruper Straße/Am See, 49740 Haselünne
- ÖPNV: Bus 932, 937, Haltestelle Überführung Andruper Straße (ca. 1 Kilometer zu Fuß)

Wiedererwacht

29 Im Hahnenmoor zwischen Högede und Börstel

Schon immer war das Hahnenmoor lebenswichtig für die Menschen der Region. Vor dem industriellen Torfabbau bot das Gebiet an der Grenze vom Emsland zum Oldenburger Land Hunderten Familien kostenloses Heizmaterial. Man stach im Frühjahr, wenn auf den Gehöften die Saat ausgebracht war und die Ernte noch lange nicht in Sicht. Der Tag im Moor begann frühmorgens, die Menschen kamen zu Fuß oder mit dem Rad. Schicht um Schicht wurde gestochen. Zuerst der heidedurchwachsene Sudden. Knochenarbeit, bis man zur ältesten und energiereichsten Torfschicht, dem Schwarztorf durchgedrungen war. Hunderte, Tausende ziegelgroße Stücke wurden dann auf den Feldern zum Trocknen ausgelegt. Denn erst im trockenen Zustand ist Torf brennbar. Familien benötigten mindestens eine, oft bis zu zwei Wochen, um ausreichend Torf zu stechen, der ihnen über einen langen, kalten Winter half. Zur Heideblüte im Herbst brachten viele auch ihre Bienenstöcke ins Moor. Heidehonig hat einen intensiv karamelligen Geschmack. Er diente zum Süßen im Haushalt, wurde außerdem verkauft. Ebenso die Kerzen, die die Landbevölkerung aus den Waben herstellte. Genügsame Heidschnucken, die Fleisch, Fell und Wolle – etwa für Strümpfe, Mützen und Pullover – lieferten, wurden zum Weiden an die Moorränder geführt. Bemerkenswert ist, dass das unwegsame Hahnenmoor über Jahrhunderte auch eine Sprachbarriere für die Menschen darstellte: Im plattdeutschen Dialekt diesseits – im Hümmling – und jenseits des Moores – in Grafeld – sind die Unterschiede enorm. Galt das Hahnenmoor noch vor wenigen Jahrzehnten als besonders wild und zerstochen, steht es heute unter Naturschutz. Eine faszinierende, wiedervernässte Moorlandschaft. Im Frühjahr leuchten weiße Wollgrasbüschel, im Sommer lila Heide, im Herbst gelbes Bentgras. Zugvögel wie Kraniche, Graugänse und Singschwäne aus der Taiga lieben das Hahnenmoor für ihre Rast. Dessen Name leitet sich übrigens vom einst heimischen Birkhuhn ab. Vom Aussichtsturm ist der Blick aufs Moor beglückend!

TIPP

Das Hahnenmoor liegt an Etappe 7 des Hünenwegs, die zum entlegenen Stift Börstel führt.

● Hahnenmoor, Grafelder Straße 44, 49770 Herzlake
www.torfwerk-hahnenmoor.de
● ÖPNV: Bus 941, Haltestelle Torfwerk

Fährmann hal over!

30

Mit der Seilfähre MehrLi über die Ems

Ganze 375 Kilometer begleitet der Emsradweg den Fluss von seiner Quelle am Rand des Teutoburger Waldes bis zur Mündung in die Nordsee. Er zählt zu den schönsten Flussradwegen Deutschlands und verläuft meist durch Schutzgebiete mit seltenen, wildlebenden Arten. Oft sind es die Uferbereiche der Ems, wo Flora, Fauna und Habitat besonders verletzlich sind, aber auch Magerrasenflächen. Der Radweg geht dann auf Distanz zum Flusslauf, der sich aber meist nur kurz dem direkten Blick entzieht und schon bald wieder ganz nah ist. Aussichtspunkte rücken die Besonderheiten der Ems ins Blickfeld, Aussichtstürme bieten großartige Weitsichten. Die Route wechselt häufig von der linken auf die rechte Uferseite. Immer dort, wo Brücken eine Flussquerung ermöglichen. Oder eine Fähre.

TIPP

Etwa 2 Kilometer nordwestlich, parallel zum Napoleondamm, liegt ein sehenswertes Großsteingrab.

Eine der Flussfähren, die über die Ems führen, ist die „MehrLi". Sie verbindet die Emsbürener Ortsteile Mehringen – wo einst im gleichnamigen Wald Räuber und Raubritter ihr Unwesen getrieben haben sollen – und Listrup. Immer von Anfang Mai bis Anfang Oktober, immer samstags und sonntags. Fahrradsaison. Ehrenamtliche „Kapitäne" steuern die kleine Seilfähre dann über den Fluss. Wer mag, darf auch selbst Hand anlegen und versuchen, das kleine Gefährt geschickt durch die Flussströmung zu lenken. Selbstverständlich muss niemand den kompletten Emsradweg entlangradeln, um in den Genuss einer Fährfahrt zu kommen. Nicht einmal eine Etappe. Einfach so ans andere Ufer schippern, reicht schon aus für das kleine Glücksgefühl! Zum Picknick beispielsweise, an einem der schönsten Abschnitte des Emslaufs.

Die Seilfähre, die gleichzeitig zehn Personen mitsamt Fahrrädern transportieren kann, ist eine Pünte, ein Boot ohne Kiel. Derartige Boote waren bereits im Mittelalter gebräuchlich. Meist waren sie mit einem Segel ausgestattet. Da Windkraft für das Vorankommen oft nicht ausreichte, wurden Pünten über lange Strecken getreidelt, also durch Muskelkraft vom Ufer gezogen. Von Menschenhand oder von einem Pferd.

- Seilfähre MehrLi, zwischen Alter Ems und Hemmelter Bach im Ortsteil Mehringen, 48488 Emsbüren
- ÖPNV: Bus 152, Haltestelle Hulsmeier (ca. 1 Kilometer zu Fuß)

PAUS
EMSFÄHRE

Ahoi!

31 Das Schifffahrtsmuseum in Haren

Umflossen von der Ems und durchzogen von einem Geflecht aus Kanälen, Bächen und Flussaltarmen, hat Wasser schon immer das Bild der Stadt Haren bestimmt. Dazu gehören seit dem 16. Jahrhundert die Binnenschifffahrt und der Schiffsbau. Eine reiche Geschichte, verknüpft mit Erzählungen über nautische Errungenschaften, mutige Menschen und ein wenig Seemannsgarn. 1986 hat all dies einen würdigen Ort der Präsentation gefunden: das Schifffahrtsmuseum am Kanal. Doch genau genommen befindet sich dort mit dem adretten, backsteinroten Schleusenwärterhäuschen nur der unverrückbare Teil des Museums. Denn zum Konzept gehören außerdem acht beeindruckende Museumsschiffe und die „Maritime Meile". Ein Rundgang durch die maritime Geschichte der Stadt. Bodentafeln verweisen auf die Meilensteine.

TIPP
Ans rechte Emsufer spazieren und auf dem Kunstobjekt „Stuhl des Deichgrafen" Platz nehmen.

Das Schleusenwärterhäuschen befindet sich unweit vom Abzweig des Haren-Rütenbrock-Kanals von der Ems. Ein alter Verkehrsknotenpunkt, um den sich die Anleger der historischen Schiffe gruppieren. Vor Anker liegt etwa die Spitzpünte Helene, die 1890 vor Ort gebaut wurde. Ihr Laderaum ist heute Ausstellungsfläche für nautische Instrumente und die Geschichte der Seenotrettung. Die Johannes ist ein sogenanntes Küstenmotorschiff. In ihrem Bauch können Besucher die Überreste einer gesunkenen Emspünte, typische Werkzeuge einer Werft und einer Segelmacherei bestaunen, sogar in die Geschichte der lokalen Schifferfamilien eintauchen. Auch die Emspünte Haren I hat Exponate an Bord: Hier geht es um den Schiffsbau, das Leben und Arbeiten auf den Pünten oder die Flora und Fauna entlang der Ems. Mit der Haren von 1953 und der Meppen von 1933 organisiert das Schifffahrtsmuseum heute Mini-Kreuzfahrten auf dem Fluss.

En miniature sind alle Schiffstypen auch im Schleusenwärterhaus ausgestellt. Insgesamt rund 50 historische Schiffsmodelle. Faszinierend detailreich und schön anzusehen. Wer nun ganz beseelt ist, kann im Museum die Grundbegriffe der Schifffahrt erlernen und ein Pünter Patent erwerben. Ahoi!

● Schifffahrtsmuseum, Kanalstraße 1, 49733 Haren
www.schifffahrtsmuseum-haren.de
● ÖPNV: Bus 911, REX1, Haltestelle Mittelstraße

Brücken bauen

32 Die Ostroleka-Brücke in Meppen

Etwa 52.000 Menschen leben in Ostroleka im Osten Polens. Die Stadt liegt in der Woiwodschaft Masowien, genau an der Stelle, wo bereits im 11. oder 12. Jahrhundert eine Burg mit Marktsiedlung bekannt war. Am linken Ufer der Narew gelegen, strategisch günstig an den Handelswegen zwischen dem historischen Masowien und Preußen. Spätestens ab 1373 sind Stadtrechte für Ostroleka verbrieft. Seit 1994 verbindet sie eine Städtepartnerschaft mit Meppen.
Gemeinsamkeiten zwischen den beiden Orten gibt es viele. Vor allem sind es die Wasserwege, die hüben wie drüben das Stadtbild prägen. Und was wäre doch ein Fluss, ein Bach, ein Kanal ohne seine Brücken? Brücken, die Ufer und Stadtteile verbinden, die Wege so komfortabel verkürzen. Brücken, die zusammenführen. Sie sind voller Symbolkraft. Wie Städtepartnerschaften auch.
Eine der jüngeren, besonders schwungvollen und dabei architektonisch reizvollen Brücken in Meppen wurde vor dem Hintergrund dieser freundschaftlichen Verbindung Ostroleka getauft. Am Brückenkopf ist die Geschichte in einen blank polierten Pylon graviert.
Die Schrägseilbrücke für Fußgänger und Radfahrer schwingt sich am Schullendamm in einer großzügigen Schleife über die Ems und ihre Auen. Aufgehängt an zwei mächtigen Pfeilern, die sich im Kräftespiel gegenüberstehen, wirkt sie beinahe schwerelos. Ein kühles Band aus Fachwerkstahl, das sich dennoch organisch in die Landschaft fügt. Flaneure und Cyclisten finden sich plötzlich auf gleicher Höhe mit ausladenden Baumkronen. Bäume und Büsche wachsen hier bis an den Fluss und neigen sich wagemutig übers Wasser. Sehr ursprünglich, beinahe wild wirkt die Vegetation an diesem Flussabschnitt. Ein Anblick, der berührt. Die Aussicht von der Brücke über die Landschaft reicht allerdings nur bis zur nächsten Biegung der Ems. Was sich dahinter verbirgt, bleibt zunächst ein Geheimnis. Nachspüren kann man ihm spielend zu Fuß oder mit dem Rad.

TIPP

An der rechten Uferseite liegt das Emsbad: für erfrischende Bahnen oder Wellnessmomente.

● Ostroleka-Brücke, zwischen Schullendamm und Nagelshof, 49716 Meppen
● ÖPNV: Bus 900, 919, 926, Haltestelle Schullendamm

Paradies der Wasservögel

33 Um den Flaarsee bei Rhede

Von 1975 bis ins Jahr 2004 wurde an der A 31 gebaut. Fast 30 Jahre lang wurde die Landschaft aufgebrochen und umgestaltet, bevor das letzte Teilstück zwischen dem nördlichen Ruhrgebiet und Emden fertiggestellt werden konnte. Eine Lebensader aus Asphalt, die den Flusslauf der Ems bis zu ihrer Mündung in die Nordsee begleitet. Hätte sich das kleine Emsland im Jahr 1998 nicht gegen die damaligen Pläne des Verkehrsministeriums gestellt, dann wäre die 42 Kilometer lange Lücke zwischen Ochtrup und Twist nicht frühzeitig geschlossen worden und die Anbindung der Region an die wichtige Tangente würde bis heute andauern.

Im Zuge der gewaltigen Erdarbeiten für die Autobahn entstand ein Baggerloch bei Rhede, das sich binnen zwei Jahrzehnten zu einem bedeutenden Lebensraum für viele bedrohte Brut- und Rastvögel entwickelt hat: der Flaarsee. Er ist Teil des europaweiten Schutzgebietsnetzes Natura 2000. Ein rund 7 Kilometer langer Wanderweg führt um den See. Die Ufer sind bewaldet, doch der See und seine gefiederten Bewohner schieben sich regelmäßig ins Blickfeld. Wer nicht wandern möchte, bleibt einfach am Nordufer und nutzt die heimelige Vogelbeobachtungshütte, um seltene oder auch gut bekannte Wasservögel zu beobachten. Hinweistafeln und interaktive Elemente informieren über Dauergäste und Durchreisende.

TIPP

Vom Flaarsee ins Schutzgebiet Borsum-Heede-Schukenbrock wandern: Strecken von etwa 3,75 Kilometern.

Zu den Dauergästen gehört etwa der Graureiher, der langbeinig durch das seichte Wasser watet. Immer auf der Suche nach kleinen Fischen, Lurchen oder Insekten. Auch den hübschen Haubentaucher treffen Besucher ganzjährig am See. Die Reiherente, die gut am gedrungenen Kopf und dem Büschel langer, schwarzer Schopffedern zu erkennen ist, macht am Flaarsee nur Rast. Sie taucht ihrer Nahrung geschickt hinterher, während die orangebraunen Nilgänse schnatternd über die umliegenden Felder und Wiesen ziehen, wo sie nach Gräsern und Samen suchen, um ihre Energiereserven zu füllen. Ein Kommen und Gehen am Flaarsee. Für Besucher immer ein heiteres Schauspiel.

- Flaarsee, Flaarweg/Südlicher Flaarweg, 26899 Rhede
- ÖPNV: Bus 966, Haltestelle Borsum Sande (ca. 1,3 Kilometer zu Fuß)

Stonehenge im Emsland

34 Am megalithischen Steinkreis in Werpeloh

Auf der Anhöhe „De hooge Klinken" – im Hochdeutschen „Hohenklinken" – glaubt man sich auf dem höchsten Punkt des Hümmlings. Dabei wölbt sich das Land hier nur zu bescheidenen 45 Metern auf. Der Blick auf die Umgebung ist hingegen erhaben. Ein würdiger Ort für eine Handvoll Findlinge, die prähistorische Gletscher einst aus Südschweden hierhergeschoben haben. Die Findlinge sind so markant, dass ihre Herkunft sehr konkret bestimmt werden kann: Sie stammen aus Växjö, aus der historischen Region Småland.

Was wie ein winziges Stonehenge anmutet, ist in Wahrheit ein vor nicht allzu langer Zeit errichteter Steinkreis, der nie kultischen Zwecken gedient hat. Heute darf man den Steinkreis von Werpeloh durchaus als Kraftort betrachten.

Im Zentrum zweier Kreise befindet sich ein markanter, sich von den anderen Findlingen unterscheidender Stein, den der Kapuzinerpater Matthias Bergmann im Jahr 2000 am Rande eines Ackers entdeckt hatte. Er hielt ihn nach eingehender Forschung und dem Vergleich mit früheren Funden für einen alten Altarstein. Als solcher nimmt er nun im Steinkreis die zentrale Position ein. Umgeben ist er von einem inneren Kreis aus zwölf Findlingen. Darunter solche aus Växjögranit, gelbbraunem Augengneis, grobkörnigem Karlshamn-Granit und Porphyr. Am Porphyr – als Stein Nummer 24 bekannt – hat der Gletscher gut sichtbare Kratzspuren hinterlassen. Den zweiten, äußeren Kreis bilden insgesamt 14 größere, zum Teil hoch aufragende Findlinge. Auch hier viel Granit, Flint, Gneis und Porphyr.

Kosmische Kreise, die so von Pater Bergmann arrangiert wurden. Eine eingemeißelte Markierung im Zentralstein zeigt auf den Sonnenauf- und -untergang bei der Sommersonnenwende. In der Megalithkultur dienten Steinkreise in kargfreier Landschaft der astronomischen Beobachtung. Auch als kalendarische Hilfsmittel für die Landwirtschaft oder zur Götterverehrung. Wer am Steinkreis in Werpeloh in sich hineinhorcht, verspürt vielleicht etwas von der den Steinen zugedachten Kraft.

● Steinkreis, Anhöhe Hohenklinken am Feldweg zwischen Wahn-Börger-Weg und Wippinger Straße, 49751 Werpeloh

Spieglein, Spieglein

35

Der Dorfteich von Vrees

„Brinke“ werden als großzügige Anhöhen beschrieben, die oft mit Eichen oder auch Linden bestanden sind. Immer in der Nähe eines Dorfes, nicht zwangsläufig ihr Mittelpunkt, meistens ungeschützt und der Boden – ach! – nicht sehr ergiebig. Die Gebrüder Grimm, die nicht nur Märchen erzählt, sondern auch die deutsche Sprache sehr präzise beschrieben und verschriftlicht haben, stellten in ihrem erst nach 123 Jahren beendeten Wörterbuch fest, dass die Bezeichnung „Brink“ ebenso in vielen anderen Sprachen verankert ist: im Schwedischen und im Dänischen, sogar in der seit 1000 Jahren nahezu unveränderten isländischen Sprache. Im Englischen gibt es das Wort ebenfalls und bezeichnet den „Rand“. Und just dort, am Rand des Dorfes Vrees, das in den Wettbewerben um das schönste Dorf regelmäßig lobende Erwähnung findet, liegt ein hübscher Brink.

Mittendrin der Dorfteich. Gesäumt von mächtigen Bäumen – Eichen sind es wohl –, die im Sommer ihr üppiges Blätterdach in der Wasseroberfläche spiegeln. Auch ein Trauerbaum mit anmutig herabhängenden Zweigen zeichnet sein Ebenbild ins Wasser. Wer selbst scherzhaft in die Rolle des Narzisses schlüpfen möchte, findet einen kurzen Holzsteg, der übers Wasser und zu einer kleinen Plattform führt. Ans Geländer lehnen und über die Brüstung schauen. Besucher finden an diesem ebenso winzigen wie verwunschenen Ort einen Ruhepol. An einer Uferseite steht ein kleines Fachwerkbackhaus, wenige Meter weiter liegen wie von Riesenhand hingestreute Findlinge. Immer wieder treffen Reisende im Hümmling auf die Spuren der Megalithkultur. Wer mehr davon sehen möchte, spaziert über den Bischofsbrücker Weg zum Dorf hinaus und trifft nach etwa 3 Kilometern auf das Hünengrab Teufelssteine.

Wer sich lieber in den Anblick des Wassers vertieft, findet am Dorfteich Bänke und Picknicktische für eine Vesper. Einfach dasitzen, nichts tun, die Nase von der Sonne kitzeln lassen ist unbedingt auch beglückend.

TIPP

Das Wildgehege im nahegelegenen Eleonorenwald, einem Alteichen-Hudewald, besuchen.

- Dorfteich, Am Dorfteich, 49757 Vrees
- ÖPNV: Bus 931, 980, 987, Haltestelle Kirche

Die alten Damen am Kanal

36 Museumsschiffe am Hauptkanal von Papenburg

Der Papenburger Hauptkanal gilt als eine der schönsten Flaniermeilen Norddeutschlands. Dabei hat es um ihn sehr bescheiden angefangen. Bis 1631 gehörte er als Gewässer zu den sogenannten Papenburger Rillen, die der Ems zuströmten. Dietrich von Velen, Pionier und bis 1657 Drost des Emslands, sah Potenzial im Moor. Nach niederländischem Vorbild begann er die natürlichen Wasserläufe zu vertiefen und Land zu entwässern, um dort später Torf abbauen und als Brennstoff nutzbar machen zu können. Mit Erfolg. Über die Jahrhunderte entwickelte sich eine sogenannte Fehnkolonie, aus der Papenburg hervorging. Das Netz der Kanäle wuchs auf eine Länge von über 40 Kilometern an. Bald schon entdeckte man die neuen Wasserwege für die Schifffahrt. Handel und Schiffsbau blühten auf. Es entstanden Dutzende Holzschiffswerften, die Lastkähne bauten.

Noch heute prägen die alten Kanäle, im Volksmund „Däip" genannt, das Bild der Stadt. Vom Hafen an der Ems, dem Untenende, bis zum Küstenkanal im Südosten, dem Obenende, bieten sich schönste Spaziergänge und Wasserblicke. Dazu gehören aktuell sechs Nachbauten historischer Schiffe, die als Museumsschiff vor Anker liegen. Briggs, Schoner oder Spitzmutten. Sie alle wurden in den 1980er-Jahren nach Originalplänen in der Lehrwerkstatt der Papenburger Meyer Werft – heute bekannt für ihre Ozeanriesen – gebaut. Flaggschiff und das vielleicht meistfotografierte Motiv der Stadt, ist die Friederike von Papenburg. Mit solchen Briggs, die Platz für zwölf Personen boten, segelten Menschen einst von Papenburg bis nach Australien. Im Vergleich zur eleganten Friederike wirkt die Spitzmutte Anna von Papenburg behäbig. Spitzmutten waren im Watt oder auf Flüssen unterwegs. Sie konnten viel Ladung fassen. Ein Tagwerk Torf etwa, was ihnen den Spitznamen „Dagwarks Mutte" einbrachte.

Unter Segeln ein Traum und der einzige fahrbereite Nachbau ist die Gesine von Papenburg. Die schwimmende Botschafterin Papenburgs ist regelmäßig auf großen maritimen Veranstaltungen zu Gast.

TIPP
Die Meyer Werft besuchen und erleben, wie Ozeanriesen gebaut werden (www.meyerwerft.de).

- Museumsschiffe wie Friederike von Papenburg, Hauptkanal rechts 68-69, 26871 Papenburg
- ÖPNV: Bus 600, 641, 968, Haltestelle Rathaus

Buchen sollst du suchen

37 Im Biener Busch bei Lingen

Die Vorstellung, dass Teile des uralten Auenwalds zwischen Biene und Dalum auch heute noch überflutet werden, ist magisch. In den Wintermonaten, wenn die Ems mehr Wasser führt, steigt die Flut bis in den Biener Busch. Der schmiegt sich ans Flussufer und ist der Rest eines mittelalterlichen Forsts der Grafen von Tecklenburg, deren Herrschaftsgebiet einmal bis an die Grenze des früheren Amts Meppen reichte. Dem Grafen diente der Biener Busch als Hutewald. Buchen und Stieleichen boten Wild-, vor allem aber den Haus- und Hoftieren reichlich Nahrung. Noch bis ins 16. Jahrhundert sollen es Hunderte Schweine gewesen sein, die die Bauern im Herbst zur Mast in den Wald trieben. Der Bestand an hohen Stieleichen und Altbuchen ist immer noch beachtlich. Im Westen des Gebiets steht eine Gruppe aus derzeit 25 markanten Buchen, die ein Naturdenkmal bilden.

TIPP
Seele baumeln lassen am Kanuanleger der nahen Ems oder von dort zu einer Bootspartie aufbrechen.

In seiner Gesamtheit ist der Biener Busch als Naturschutzgebiet im Rahmen der Natura 2000 ausgewiesen und gehört zum Flora-Fauna-Habitat Ems. Verschiedene Wege führen durch den Forst, wo sich gut beobachten lässt, wie kleinste Lebewesen auf faszinierend vielfältige Weise Totholz erobern, zersetzen und den Kreislauf der Natur in Gang halten. Zu den seltenen – und streng geschützten – Bewohnern vom Biener Busch gehört der Hirschkäfer. Er verdankt seinen Namen dem extravaganten Geweih. Genau genommen handelt es sich dabei um Mandibeln, den vergrößerten Oberkiefer. Bei Männchen ist er stärker ausgeprägt als bei Weibchen, die dennoch kräftiger zubeißen können. Eine erstaunliche Körperlänge von bis zu 9 Zentimetern macht den Hirschkäfer zum größten Käfer Mitteleuropas. Wer einen entdeckt, darf sich besonders glücklich schätzen. Der Käfer liebt Eichentotholz. Dort haben Wanderer die beste Chance auf eine Begegnung.
Entlang eines versandeten Altarms der Ems und an mehreren Tümpeln im Waldgebiet wiegt sich Röhricht. Dort tummelt sich auch der drachenartige Kammmolch. Ein weiterer ausgefallener Bewohner im malerischen Biener Busch.

● Biener Busch, Zum Biener Busch (Nähe Sportplatz), 49808 Lingen
● ÖPNV: Bus 10, 21, 41, Haltestelle Burgstraße

Faszinierendes Moor

38 Das Emsland Moormuseum in Groß Hesepe

Der kleine Landstrich im Südwesten Niedersachsens ist vor allem für seine tief gelegenen Moorgebiete bekannt, die rings um Papenburg ihre größte Ausdehnung haben. Ein Teil des Westens gehört zum Internationalen Naturpark Bourtanger Moor-Bargerveen. Vorbilder aus den Niederlanden, auch Techniken, die man von dort importierte, befähigten frühe Pioniere, das Moor zu entwässern und für den Menschen nutzbar zu machen. Vor allem für den Abbau von Torf, der als Brennmaterial diente. Lange war die Torfstecherei hier die einzige Erwerbsquelle. Sie hat die Landschaft nachhaltig verändert. Ursprüngliche Moore gibt es heute darum kaum noch. Allerdings wurden und werden zahlreiche Flächen renaturiert. Auch im Grenzbereich, wo weite Moorgebiete liegen und beide Nationen zum Erhalt der Naturlandschaft zusammenarbeiten. Wo früher Torfkähne lautlos über lange Kanäle glitten, verlaufen heute Wander- oder Radwege, stehen Aussichtstürme am Rand der sich neu entfaltenden Natur.
Wer das Moormuseum in Groß Hesepe besucht, erfährt alles über Leben im Moor. Über das entbehrungsreiche Leben von einst bis hin zur Bedeutung des Moors für das weltweite Klima. Da ist der 30 Tonnen schwere Dampfpflug, „Mammut" genannt, der einst 2 Meter tief die Erde umpflügte. Der größte erhaltene Torfbagger der Welt ist ebenfalls im emsländischen Museum zu sehen. Zusammen mit Kleingeräten aus der Zeit, als Torf noch von Hand gestochen wurde, zeigt die Sammlung die Entwicklung des Torfabbaus bis ins frühe 20. Jahrhundert.
Viel Augenmerk wird außerdem der Flora und Fauna im Moor geschenkt. Pflanzen und Tiere mit besonderen Anpassungsstrategien. Meist selten, oft gefährdet. Auf dem Außengelände mit Wanderwegen, Naturpfad und Bohlenstegen kann man ihnen nachspüren. Beglückend sind auch die museumseigenen Haustiere: alte, gefährdete Rassen wie das Bentheimer Schaf, der Westfälische Totleger – eine 400 Jahre alte Hühnerrasse – oder die Diepholzer Landgänse. Sie alle werden hier gezüchtet. Museen können außergewöhnlich sein!

● Emsland Moormuseum, Geestmoor 6, 49744 Groß Hesepe
www.moormuseum.de
● ÖPNV: Bus 171, 900, 902, Haltestelle Moormuseum

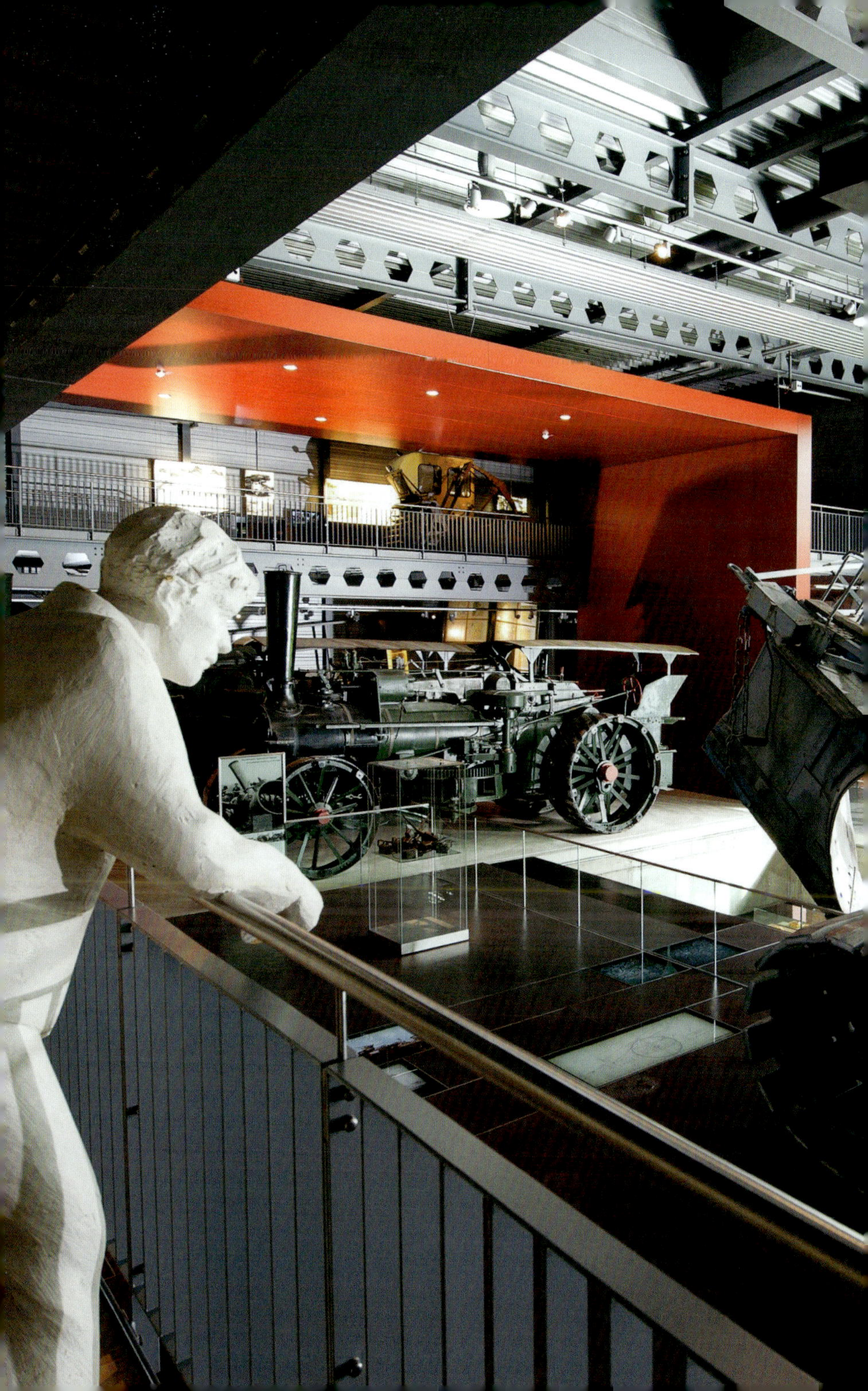

Hinkelsteine

39 Das Hünengrab Steenhus in den Klöbertannen

Keine herkömmlichen Glücksorte, vielmehr Orte der Mystik und Magie: die Hünengräber an der Straße der Megalithkultur. Findlinge unterschiedlicher Form und Größe, jeder mit seiner eigenen faszinierenden Geschichte, Hunderttausende, manche gar Jahrmillionen alt. Die meisten von ihnen unter eiszeitlichen Gletschern aus Nordeuropa in den Hümmling und darüber hinaus geschoben. Von den Menschen der Jungsteinzeit dann in beeindruckender Genialität über weite Strecken transportiert und zu monumentalen Grabkammern aufgeschichtet. Tonnenschwere Granitfindlinge. Wie die ersten Bauern des Nordwestens diese Herkulesaufgabe bewältigen konnten, ist nicht gänzlich geklärt. Auch das macht einen Besuch der Hünengräber so reizvoll. Bergen sie doch bis heute zahlreiche Geheimnisse.

TIPP

In den Wäldern um Werpeloh befinden sich weitere Hünengräber, etwa auf der Buschhöhe.

Die Bauweise der Megalithgräber variiert sehr. Ihre Formenvielfalt spiegelt sich in unterschiedlichsten Bezeichnungen wie Dolmen, Hünenbett oder Galeriegrab. Ihr Zugang ist häufig nach Süden ausgerichtet, vermutlich der Mittagssonne entgegen. Ein schöner Gedanke. All diesen Grabformen ist eines gemein: Es sind Kollektivgräber, in denen über Generationen hinweg weitere Verstorbene beigesetzt wurden. Auch das birgt Schönes, vermittelt die Sitte doch eine Vorstellung der frühen Kultur – im Emsland die sogenannte Trichterbecherkultur – vom Jenseits: Dass irdisches Leben einer Gemeinschaft an einem anderen Ort in einer anderen Form fortgesetzt würde. Praktische und auch schmückende Beigaben wie Nahrung, Werkzeuge oder Ketten unterstreichen diese These.

Großsteingräber sind nicht die einzigen jenseitsbezogenen oder kultischen Bauten der Megalithiker. Auch Steinkreise, Steinreihen und Menhire – die Hinkelsteine des berühmten, wenn auch fiktiven Galliers Obelix – gehören dazu. Sie alle befinden sich an außergewöhnlichen Orten, in denen manche Besucher eine Kraftquelle spüren. Das Steenhus etwa liegt im schönen Waldgebiet Klöbertannen. Ein Spaziergang durch den Wald zu den steinernen Riesen erdet auf wunderbare Weise.

- Steenhus in den Klöbertannen, Zum Klöwer/Am Brunenhüwel, 49751 Werpeloh (ca. 950 Meter zu Fuß)
- ÖPNV: Bus 10, 21, 41, Haltestelle Kirche (ca. 2,5 Kilometer zu Fuß)

Kultige Kugel

40

Boßeln im Emsland mit Einkehr

Typisch norddeutsch und keinesfalls zu verwechseln mit Boule oder Boccia ist das Boßeln. Ein Volkssport, der irgendwo zwischen Kugelstoßen und Weitwurf verortet ist. Man boßelt allein oder in Mannschaften gegeneinander, auf der Straße, auf der Weide, sogar in Meisterschaften. Unter Nachbarn und Freunden wird das Boßeln von „Zielwasser" befeuert und der Sieg – oder auch die Niederlage – mit einem deftigen Grünkohlessen gefeiert. Selbstverständlich können auch Besucher durch das Emsland boßeln. Ganz ohne Übung. Die Ausstattung und das erwähnte „Zielwasser" – man ahnt, es geht um Hochprozentiges – gibt es vor Ort. Etwa am schnieken Gutshof in Papenburg. Dort wird später auch Grünkohl mit Mettwurst aufgetischt. So ist es Tradition.

TIPP

Bei einer Spökenkieker-Tour gruseligen Geschichten in Plattdeutsch lauschen (www.von-velen-anlage.de).

Beim Boßeln wird eine Pockholter genannte Holzkugel über eine möglichst weite Distanz geworfen. Der Pockholter kann in Durchmesser und Gewicht variieren. Von 6 bis 13 Zentimeter reicht die Größe der Kugeln, mindestens 300 Gramm wiegen die kleinsten. Je nach Geschlecht, Alter und Region gibt es da viel Spielraum. Geworfen wird aus dem Lauf, wobei der Wurfarm zunächst nach hinten, dann unter der Hand schnell wieder nach vorne bewegt wird. In der Bewegung lässt der Boßler den Pockholter los, bemüht, die Flugbahn flach zu halten. Die Kugel soll möglichst weit ausrollen. Darum sind Straßen auch die besten Spielbahnen. Bei routinierten Boßlern sind Weiten von 200 Metern drin. Jeder Spieler hat etwa zehn Würfe und kann verschiedenste Techniken ausprobieren, um seine Weite zu verbessern. Mit Drall „överd Dum" – über den Daumen – oder „överd Finger" – über den Finger –, wie ein paar Kniffe auf Plattdeutsch heißen. Gerade aus der Hand geworfen nennt man „liek ut Hand". Wer ein paar Vokabeln aus dem regionalen Dialekt ins Gespräch einstreut, hat noch mehr Spaß am kultigen Spiel.

Eine Anekdote will wissen, dass lange Unterhosen und Wollsocken bis in die 1960er-Jahre das Standardoutfit der Boßler waren. Darauf erst einmal einen Schluck!

- Boßeln, zum Beispiel am Gutshof Papenburg, Gutshofstraße 141, 26871 Papenburg, www.gutshof-papenburg.de
- ÖPNV: Bus 612-5, Haltestelle Dieckhausschule

Wollige Landschaftspfleger

41

Im Naturschutzgebiet Windelberg

Schafe waren im Emsland einmal sehr verbreitet. Zu Tausenden tupften sie helle Punkte in die Landschaft und zogen in großen Herden über die ehedem weiten Heideflächen. Die boten den genügsamen Tieren ausreichend Nahrung. Und gratis dazu. Ein Schäfer war für etwa 150 bis 300 Schafe verantwortlich. Weil er beim Bauern im Dienst stand, lohnte sich der finanzielle Aufwand nur bei ausreichend vielen Tieren. Wer wenige Schafe besaß, tat sich mit Nachbarn zusammen. Auch Heuerleute, wie die Pächter bescheidener Hofstellen genannt wurden, konnten so ihre Tiere zusammen mit einer großen Herde auf die Heide treiben.

Zu den im Emsland beliebten Schafsrassen gehörte das Bentheimer Landschaf, das wegen des guten Fleisches gezüchtet wurde. In Buttermilch eingelegte Schafskeule war der ärmeren Bevölkerung Ersatz für Rind- und Schweinefleisch. Auch die Schafsfelle wurden verkauft, die im Sommer geschorene Wolle gesponnen, verstrickt und veräußert. All das lieferte den Menschen ein bescheidenes Zubrot. Sogar Schafdung trug wesentlich zur Verbesserung der Lebensverhältnisse im kargen Landstrich bei, diente er doch als exzellenter Dünger auf dem Acker.

TIPP

Der jahrhundertalte Ubben-Schafstall im Südwesten des Naturschutzgebiets ist heute Kulturdenkmal.

Auch wenn man heute nur noch wenige Schafe auf den Gehöften sieht und Schäfer nahezu aus dem Alltagsbild verschwunden sind, macht der wollige Vierbeiner in neuer Rolle Furore: Der Naturschutz hat das Schaf als formidablen Landschaftspfleger entdeckt: zum Entkusseln der Heide. Im Naturschutzgebiet Windelberg halten Schafe unerwünschte Vegetation kurz, indem sie die Schösslinge von Weide, Birke oder Kiefer fressen. Leckerbissen! Die gefährdete Besenheide hingegen und der duftende Wacholder werden von den Schafen verschmäht. So bleibt die im Windelberg typische Heidevegetation erhalten. Dort können sich gelb leuchtender Behaarter Ginster und die saftige Krähenbeere ausbreiten. Sie ist essbar und vor allem als Marmelade lecker. Die auch Hirtenbeeren genannten Früchte sind reich an Antioxidantien – wie wunderbar –, heute jedoch fast vergessen.

● Naturschutzgebiet Windelberg östlich der Neubörgerstraße, ca. 2 Kilometer von 26209 Börger

Eine kleine Dickmadam

42

Historische Dampflok in Salzbergen

Sie ist kohlrabenschwarz, hat feuerrote Räder mit ebensolchen Pleuelstangen und wiegt unfassbare 128 Tonnen. In ihrer aktiven Zeit brachte sie es auf 80 Stundenkilometer. Vorwärts. Rückwärts fuhr der Stahlkoloss mit der Betriebsnummer 043 196-5 noch satte 50 Stundenkilometer. Die Rede ist von der historischen Dampflok, die im Bahnhof von Salzbergen heimisch geworden ist. Das war bereits im Jahr 1978. Einige Monate zuvor, am 23. Oktober 1977, war sie als letzte aktive Dampflok der Deutschen Bundesbahn außer Betrieb gegangen.

Heute erinnert die aufwendig restaurierte Lokomotive an die einstige Bedeutung Salzbergens als Eisenbahnknotenpunkt. An die Zeit, als die 043 196-5 und andere schwergewichtige Loks schnaubend und zischend über die legendäre Emslandstrecke brausten. Einmal quer durch Niedersachsen und hoch bis in den Emdener Hafen, im Schlepptau Güterwaggons. Auch 1977 noch, denn während andernorts bereits Diesel- oder Elektroloks die dampfbetriebenen Zugmaschinen ersetzt hatten, wurde die Strecke ab Salzbergen erst Jahre später elektrifiziert. Für die schweren Gütertransporte kamen die vielen Pferdestärken aber gerade recht.

Als die Salzbergener Dampflok 1942 bei Krupp in Essen zusammengeschweißt wurde, hatte die deutsche Eisenbahn schon 100 Jahre Geschichte geschrieben. Die erste Bahnfahrt auf deutschem Boden führte am 7. Dezember 1835 von Nürnberg nach Fürth. Für die 6 Kilometer lange Strecke benötigte die Lokomotive Adler damals 13 Minuten und erreichte Geschwindigkeiten von bis zu 30 Stundenkilometern. Angebliche Warnungen, hohe Geschwindigkeiten würden bei Passagieren schwere Gehirnerkrankungen verursachen, scheinen pure Erfindungen späterer Autoren.

Heute erreichen Züge Spitzengeschwindigkeiten von mehreren Hundert Stundenkilometern. Aktuell hält der japanische Shinkansen L0 den Rekord mit 603 Kilometern in der Stunde. Reguläre Passagiere waren allerdings noch nicht an Bord. Bald soll es so weit sein.

TIPP

Für noch mehr Nostalgie geht es ins Feuerwehrmuseum: www.feuerwehrmuseum-salzbergen.de

- Historische Dampflok, Bahnhofstraße, 48499 Salzbergen
- ÖPNV: Bus 152, 153, Haltestelle Salzbergen Bahnhof

nsteig 1
Gleis
3
Schnellzug
Hook van Holland
Abfahrt
917
043 196-5

43 Die Brücke an der Walchumer Marina

Ausblick aufs Wasser, das ist wie eine „Pausentaste“ für den Alltag. Weil Wasser so beruhigend wirkt und das Meer unser größter Sehnsuchtsort ist. Die Wissenschaft weiß das schon lange, der Mensch fühlt es. Sand zwischen den Zehen, Wellenrauschen im Ohr. Allein das Bild im Kopf beseelt!

Auch Flüsse, Bäche und Seen, der Blick aufs Wasser im Allgemeinen wirken sich positiv aus auf Körper und Geist. Weil Wasser ständig in Bewegung ist, wird uns auch nicht langweilig, auf Rippeln zu schauen oder auf Wasserwellen, die als konzentrische Kreise durch herabfallende Regentropfen entstehen, sich ausdehnen, allmählich auslaufen. Solche Momente sind meditativ. Selbst das Farbspektrum natürlicher Gewässer zwischen Blaugrau und Grün wirkt angenehm stimulierend und Sonnenglitzern in Wassertropfen setzt gar Glückshormone frei.

Bei Walchum an der Ems gibt es reichlich Gelegenheit für glückstiftende Wasserblicke. Ein überraschend schöner, dabei so schlichter Ort, um zu verweilen und zu schauen ist die kleine Brücke am Marinapark. Sie quert die Schmalstelle zwischen den beiden Hafenbecken. Dort fließt auch die Ems vorbei. Ganz ohne Allüren. Ein langer, ruhiger Fluss. Im Hafen schaukeln an schmalen Stegen Motorjachten und Segelboote in allen Formen und Größen. Jedes Mal, wenn eines leise tuckernd ablegt, kräuselt sich Kielwasser zu einer nachhallenden Spur. Wenige Wasservögel verirren sich vom Fluss herüber, ziehen neugierig ihre Bahnen, um bald an die Ufer der Ems zurückzukehren. Dort ist die Vegetation undurchdringlich und bietet gute Verstecke. Im Hafen hingegen ist die Uferböschung akkurat gestutzt. Häuser reihen sich in lockerer Folge. Wer hier wohnt, hat einen Logenplatz.

Der Sonnenuntergang an der Marina ist ein besonderes Schauspiel, wie überall, wo sich der Himmelskörper spiegeln kann. Wie leicht es doch ist, das kleine Glück zu finden!

TIPP

Im Sommer zum Schwimmen an den Herzogsee mit flach abfallendem Sandstrand und Badesteg.

- Brücke am Hafen, Steinbilder Straße, 26907 Walchum
- ÖPNV: Bus 961, Haltestelle Marinapark

Aufrecht

44 Der Weg der Tugenden in Lingen

Der griechische Philosoph Platon hat als Erster Tugenden als Dreh- und Angelpunkt für alles weitere ethische Handeln formuliert: Klugheit oder Weisheit, Gerechtigkeit, Mut – im Sinne von Tapferkeit – und Maß. Heute nennen wir sie die Kardinaltugenden, die unter Thomas von Aquin, dem großen Denker des Mittelalters, um drei weitere ergänzt wurden. So kennt die abendländische Tradition die sieben Tugenden Glaube und Liebe, Hoffnung, Weisheit, Gerechtigkeit, Tapferkeit und Mäßigung. Sieben Leitideen, die theologische, philosophische und ethische Ansprüche an jeden Einzelnen von uns symbolisieren. Gleichzeitig sind sie Kompetenzen für ein gelingendes Leben.
In Lingen finden diese Tugenden skulpturalen Ausdruck. Ein Projekt, zu dem Meike Behm, Direktorin der Kunsthalle Lingen, sieben Künstler aus dem Emsland und der Grafschaft Bentheim eingeladen hatte. Sieben Skulpturen als formal und inhaltlich stimmiges Abbild derjenigen Tugenden, die zwar in der abendländischen Tradition verankert sind, dennoch Strahlkraft über kulturelle Grenzen hinweg besitzen. Auch die Wahl des passenden Standorts im Stadtbild gehörte zur künstlerischen Aufgabenstellung. So ist der Weg der Tugenden entstanden, ein 2,5 Kilometer langer Rundweg durch Lingen.
Am Rand des Kleinen Stadtparks, gegenüber vom Alten Friedhof und dem angrenzenden Jüdischen Friedhof der Stadt, steht die Skulptur „Tapferkeit" von Ulrich Schürhaus, Künstler aus Thuine. Neun schlichte Betonstelen bilden eine Gruppe. Acht Stelen neigen sich der neunten entgegen, die eine aufrechte Haltung einnimmt. Sie stellt sich den anderen, vertritt die eigene Haltung – so die Intention des Künstlers –, bleibt standhaft über den Moment hinaus. Zivilcourage als ein Aspekt von Tapferkeit, der uns im Alltag immer wieder abgefordert wird. Mit einer Höhe von 2,3 Metern sind die Stelen überlebensgroß, dennoch nahe am menschlichen Maß. Ein Detail, das das Kunstwerk für den Betrachter sehr nahbar macht.

TIPP

Schlendern auf historischen Pfaden und entlang der Skulpturen der Tugenden (www.tourismus-lingen.de).

● Skulptur „Tapferkeit" auf dem Weg der Tugenden, Mühlentorstraße 18, 49808 Lingen
● ÖPNV: Bus 60, 160, Haltestelle Weizenweg

Märchenwald

45 Die Buchen im Tinner Loh bei Haren

Bäume, die eng beieinanderstehen, wachsen rasch in die Höhe. In Nutzholzwäldern lässt sich das sehr gut beobachten: Der untere Stamm bleibt nackt, erst nach mehreren Metern werden Äste ausgebildet. Dort, wo Licht hinreicht und konkurrenzlos Laub wachsen kann. Anders in alten Hutewäldern, wo traditionell frei stehende Eichen oder Buchen wuchsen, die zur Mast den Nutztieren von Bauern oder Heuersleuten reichlich Nahrung boten. Mit mächtigen Stämmen und ausladenden Kronen. Alle Wuchskraft ging ins Geäst, während der Stamm in der Höhe zurückblieb.

Solch ein alter Hutewald liegt östlich von Haren: das Tinner Loh. „Loh" ist die althochdeutsche Bezeichnung für Wald oder Gehölz. Und mitten in diesem 13 Hektar großen Gebiet, durch das ein Wanderweg führt, stehen bizarre Buchen, deren Alter auf etwa 200 bis 500 Jahre geschätzt wird. Die Bäume befinden sich in allen Stadien der Vergänglichkeit. Teils sind sie mehrstämmig, bauchig, ihre Formen märchenhaft verwachsen. Uralte Spuren von Tierverbiss. Denn dort, wo Baumrinde verletzt wird, bilden sich Wucherungen. Sie sind ein Schutzmechanismus von Bäumen, der über einen langen Zeitraum die besonderen Formen im Tinner Loh geprägt hat.

Das Tinner Loh ist eines der bemerkenswertesten Baumvorkommen in Deutschland. Seit 1937 steht es unter Naturschutz. Anstelle von Schweinen, Ziegen oder Schafen auf der Suche nach Eicheln und Bucheckern haben Vögel und Insekten die Baumriesen erobert. Insbesondere die Buche, die als Königin des Waldes und als mystische Verbindung zwischen Himmel und Erde gilt, bietet für zahlreiche Organismen einen einzigartigen Lebensraum. 30 Käferarten bevorzugen Buchen und ganze 70 Schmetterlingsarten. Die alten Bäume sind überdies reich an wertvollen Mikrohabitaten. So hämmern Spechte auf der Suche nach Nahrung gerne Höhlen in ihre Stämme, die Eulen oder Kleiber später als Nisthöhlen, Eichhörnchen oder Fledermäuse als Wohnraum beanspruchen. Das Tinner Loh wirkt wie ein Wald aus einer anderen Welt.

- Tinner Loh, Ende der Straße Lohkamp, 49733 Haren
- ÖPNV: Bus 911, Haltestelle Lohesch (ca. 1 Kilometer zu Fuß)

Schiffe gucken

46 Die Schleuse Düthe bei Fresenburg

Er ist das Rückgrat des Westdeutschen Kanalnetzes und verbindet seit 1899 das Ruhrgebiet mit der Nordsee über das Mündungsdelta der Ems: der Dortmund-Ems-Kanal. Am 3. Mai erreichte das erste, mit schwedischem Eisenerz beladene Kanalschiff Dortmund, doch erst am 11. August weihte Kaiser Wilhelm II., der mit dem neuen Tempo nicht Schritt halten konnte, die Wasserstraße ein.

Auf einer Gesamtlänge von 223 Kilometern – andernorts 226 Kilometer – überwindet der Dortmund-Ems-Kanal einen Höhenunterschied von 70 Metern in zehn Kanalstufen und fünf Staustufen der Ems. Dabei verläuft er im Süden als künstliche Wasserstraße und mündet bei Gleesen in die Ems. Bis zur Schleuse Herbrum, der nördlichsten Schleuse des Kanals, ist die Ems für die Schiffbarkeit staugeregelt, bis Papenburg bestimmt die Tide der Nordsee ihren jeweiligen Wasserstand. Dass es insgesamt 17 Schleusen und ein Schiffshebewerk – das denkmalgeschützte Henrichenburg – gibt, liegt an den hier mitgezählten Doppelschleusen: je eine alte Schleusenkammer aus den 1890er-Jahren und eine neue Kammer aus den 1950er-Jahren. Etwa bei Gleesen, Bevergern oder Hesselte. Auch die alten Schleusen sind noch betriebsbereit. Eine dieser Doppelschleusen ist die von Düthe. Zwischen Lathum und Steinbild, wo die Ems extravagant vom Kanal abzweigt und einen ausladenden Schlenker in die Landschaft zeichnet, sorgt die Kanalschleuse für gut 2 Meter Hub.

TIPP
Am rechten Kanalufer zum Kolk Fresenburg spazieren. Auch dank Bogenbrücke sehr fotogen.

Man kann den Schiffen beim Schleusen zusehen. Ein großartiges Schauspiel! Beobachten, wie sich die gewaltigen Tore der Schleusenkammern öffnen, ein Schiff einfährt, zentimetergenau manövriert, um nicht mit den Spundwänden zu kollidieren. Sobald das obere Tor geschlossen ist, öffnen sich die Schütze im unteren und das Wasser fließt ab. Die Kraft der herausschießenden Fluten ist als Vibrieren sogar unter den eigenen Füßen zu spüren. Erstaunlich schnell leert sich die Kammer, bald entlassen die sich öffnenden Tore das Schiff zur Weiterfahrt. Vielleicht wartet im Oberwasser schon der nächste Frachter?

- Schleuse Düthe, Zur Schleuse (linkes Ufer) oder Steinbilder Straße (rechtes Ufer), 49762 Fresenburg
- ÖPNV: Bus 950, Haltestelle Schwering (ca. 1,3 Kilometer zu Fuß)

Zwischen hüben und drüben

47 Der Naturpark Bourtanger Moor-Veenland

Ein eigentümlicher Lebensraum und gänzlich verschieden von allen übrigen Landschaften Europas: das Moor. Es klingt anders, es riecht anders und es sieht auch vollkommen anders aus. Vor seiner Kultivierung Mitte des 19. Jahrhunderts gehörte das Bourtanger Moor, das weit in die Niederlande reicht und dort Bargerveen genannt wird, mit 2000 Quadratkilometern zu den größten zusammenhängenden Hochmooren Mitteleuropas. Menschliches Einwirken, Urbarmachung und Torfabbau haben die Landschaft stark verändert. Heute ist die Region geprägt von einem Mosaik aus Moor, Heide, Wasserflächen, Äckern und Wiesen. Mit der Ausweisung von Naturschutzgebieten und der Renaturierung von Flächen werden seit Langem grenzüberschreitend Anstrengungen unternommen, diesen einzigartigen Lebensraum zu erhalten.

TIPP

Für noch mehr spannende Geschichten aus dem Moor die App „Moorpforten" aufs Smartphone laden.

Zu sehen, wie sich das Moor im Wechsel der Jahreszeiten färbt, mit weißen Glanzlichtern aus Wollgras im Frühjahr und den violetten Teppichen aus Besen- und Glockenheide im Spätsommer, ist ein bewegendes Schauspiel. Mitten im Naturpark schmiegt sich das Dorf Zwartemeer an die Landesgrenze. Dort hat der Staatsbosbeheer, eine der beiden großen Naturschutzorganisationen der Niederlande, eine kleine Station. Gleich gegenüber bietet ein „Vogelkijkplaats", ein Vogelbeobachtungspunkt, einen formidablen Blick auf die dunklen Spiegel der Wasserflächen. Im Sommer schillern dort zahllose Libellen und Schmetterlinge in allen Farben. 300 Vogelarten kennt man hier, mehr als 100 davon brüten sogar im Bargerveen. Drei Arten des fleischfressenden Sonnentaus und 15 Torfmoosarten gibt es im Moor, auch seltene Pflanzen wie Knochenginster oder Moosbeere. Frühmorgendliche Besucher treffen vielleicht auf Rehe.

Ein kurzer Spaziergang auf den schmalen Moorpfaden lohnt, führt er doch vorbei an den einstigen, langen Stichkanälen und hin zur Anhöhe Noordersloot. Die bietet einen weiten Blick über die Wasserlandschaft und auf eine alte Moorhofstelle, das „Huisje van Uneken".

● Staatsbosbeheer Het Veenland, Kamerlingswijk Westzijde 82, NL-7894 AJ Zwartemeer, www.naturpark-moor.eu

48 Die St. Vitus-Kirche in Meppen-Bokeloh

Es heißt, sie sei die älteste Kirche im Emsland: St. Vitus in Bokeloh. Vermutlich wurde sie im 10. Jahrhundert geweiht. Konkrete Quellen gibt es nicht. Sichtbar ist ein außen schlichter Kirchenbau, verputzt und weiß getüncht und mit einem gedrungenen Turm aus Steinquadern. Findlinge und Raseneisenstein wurden in der anfangs romanischen Kirche verbaut. Noch heute sind Mauern erhalten. Im 15. Jahrhundert wurde St. Vitus nach neuer Ästhetik und den beflügelnden Möglichkeiten der Gotik umgebaut: höher, graziler, mit erhabenem Kreuzgewölbe, Chor und schlanken Fenstern. Der Helm des Turms stürzte 1811 ein. Auf- und Umbauten gab es auch in den folgenden Epochen. Geblieben ist die Schönheit der Lage: St. Vitus reckt sich von einer sandigen Anhöhe am Steilufer der Hase gen Himmel. Kirchberg wird sie genannt und schützt noch heute zuverlässig vor Hochwasser. Hinter dem Kirchhof führt ein Pfad an den schmalen Fluss. Ihm ein Stückchen folgen und im Takt des leise gurgelnden Wassers mitschwingen, ist beinahe meditativ.

TIPP

Gegenüber im 300 Jahre alten Gasthaus Giese einkehren und ländlich speisen (www.gasthaus-giese.com).

Es wundert kaum, dass der Maler Otto Pankok, wichtiger Vertreter des expressiven Realismus, hier einen Ruhepol fand. Vor den Nationalsozialisten in die Abgeschiedenheit des Emslands geflüchtet, zog es Pankok immer wieder an die Ufer der Hase. Die Landschaft und die 1000-jährige Kirche gehörten dort zu seinen Lieblingsmotiven.

Berührend ist auch das Innere der Kirche: mit den hübsch gemusterten Kacheln zwischen alten, polierten Kirchenbänken, Messinglüstern, die das Licht golden spiegeln, Gemälden, filigranen Holzschnitzereien und Steinmetzarbeiten. Volltönend füllt die Orgel den Kirchenraum. Sie wurde 1845 von Joachim Wenthin und seinem Kompagnon gebaut. Wenthin stammte aus einer ostfriesischen Orgelbauerfamilie, fühlte sich aber wie Otto Pankok vom Emsland angezogen.

Bemerkenswert ist noch das winzige ehemalige Schulhaus neben St. Vitus: Die alte Dorfschule ist heute neuer Lernort und erinnert in einer Dauerausstellung auch an den Aufenthalt Pankoks im Hasetal.

- Kirche St. Vitus, Am Kirchberg 4, 49716 Meppen
- ÖPNV: Bus 930, Haltestelle Grundschule

Wind in den Flügeln

49 Die Hilter Mühle in Lathen

Lathen, das 854 erstmalig als Lodon erwähnt wird, war bereits zur Zeit der Christianisierung unter Karl dem Großen bedeutend. Der alte Name verweist auf die Lage nahe dem waldreichen Geestrücken Hümmling. Wenn dort der Wind durch die Bäume strich und hinab in die Landschaft wirbelte, zogen die Müller ihren Mühlen die Hosen an. So nennt man die textile Bespannung der Gatterflügel einer Windmühle, die mit Beginn des Tagwerks aufgezogen und nach getaner Arbeit wieder abgestreift wurde. In Lathen steht seit 1818 eine Mühle auf dem Hilterberg. Einen Müller gibt es dort schon lange nicht mehr. Funktionstüchtig ist die Hilter Mühle dennoch: mit zwei Mahlgängen und einem Pellgang, mit dem aus Weizen oder Gerste statt Mehl Graupen gemahlen wurden. An Denkmaltagen und zu besonderen Gelegenheiten werden die Flügel noch einmal in den Wind gedreht. Dann kann man das Innere der Mühle besichtigen, das schwere Gebälk, die Wellen und die mächtigen Mahlsteine mit ihren Rillen, die sich so faszinierend leicht gegeneinander drehen und das Korn zu feinstem Mehl mahlen. Ein Blick in die Vergangenheit. Und in die frühe Ingenieurskunst.

Die Mühle auf dem Hilterberg ist eine sogenannte Holländerwindmühle, die ab dem 16. Jahrhundert die alten Bockwindmühlen in Norddeutschland verdrängten. Sie zeichneten sich durch ihre drehbaren Kappen aus. Eine Erfindung des Niederländers Jan Adriaanszoon Leeghwater. Dabei ließ sich die auf dem Mühlenturm aufliegende Kappe in den Wind drehen, um dessen Kraft maximal auszunutzen. Die neue Konstruktion hatte zahlreiche Vorteile. So konnte eine Holländermühle viel höher in den Wind gebaut werden. Ihre Bauweise ließ mehr Raum im Mühlenturm für allerlei Gerätschaften, die das Handwerk des Müllers erleichterten.

Eine Besichtigung der schönen Hilter Mühle ist jederzeit von außen möglich. Für einen Blick ins Innere ist sonntags ein Schlüssel im benachbarten Café erhältlich.

TIPP

Im originell eingerichteten Café neben der Mühle steht leckeres Soul Food auf der Karte.

- Hilter Mühle, Hilterberg 5, 49762 Lathen
- ÖPNV: Bus 10, 21, 41, Haltestelle Burgstraße

Pack die Badehose ein

50 Am Spieksee bei Rhede

Zwischen der Ems und einem ihrer Altarme liegt der kleine Spieksee. Wie ein grüner Edelstein schmiegt er sich in die Landschaft bei Rhede. Im Westen grenzt das Dorf bereits an die Niederlande. Seit 829 leben Menschen an diesem bäuerlich geprägten Ort, der sich eine wunderbare Gelassenheit bewahrt hat. Das winzige Landwirtschaftsmuseum erzählt vom Leben und Arbeiten der Einwohner im 19. Jahrhundert.

Als eines der vielen kleinen und größeren Gewässer ist der Spieksee Ende der 1990er-Jahre aus dem Bau der A 31 hervorgegangen. Ein Baggerloch für den Lückenschluss mit der Seehafenstadt Emden. Seine Entstehungsgeschichte sieht man ihm heute nicht mehr an. So üppig ist er inzwischen von der Natur eingerahmt. Seine Ufer sind gesäumt von Bäumen und Büschen, die bis ans Wasser reichen, hier und dort sogar hinein. Im Südwesten, an seiner schmalsten Stelle, macht das Grün Platz für einen weißen Sandstrand. Feinkörnig, weit und wunderbar. Der perfekte Ort, um zu sein: an einem Sommertag mit Sonnenschirm, Handtuch und Badekostüm. Für eine Partie Federball ist der 200 Meter breite Strand wie geschaffen. Schwimmen ist im Spieksee ein ebenso sicheres wie erfrischendes Vergnügen. Die Wasserqualität wird regelmäßig überprüft. 6 Meter ist die tiefste Stelle und die Sicht noch so klar, dass sogar Taucher das Gewässer als Unterwasserparadies hochschätzen.

TIPP

Am südlichen Stadtrand die letzte Sieltoranlage – einen Wasserdurchlass – im Emsland besuchen.

Ein leiser, unaufgeregter Ort. Ein Pfad, der ums Ufer mäandert und einmal um den See herumführt, macht neugierig und lockt, den Strand kurz zu verlassen. Wer ihm in nördlicher Richtung folgt, erreicht in wenigen Schritten den Alt-Ems-Arm, der Teil der Flusslandschaften um Rhede ist. Flussaufwärts ist der Altarm noch über eine Schleuse mit der Ems verbunden. Spaziergänger können hier wunderbare Natureindrücke gewinnen oder einfach zurück an den weißen Strand am Spieksee flanieren und sich im süßen Nichtstun üben.

● Spieksee, Seestraße, 26899 Rhede-Brual

Berauschend schön

51 An der Bruneforther Wassermühle bei Stavern

Ob sich ihre Länge tatsächlich exakt messen lässt? Über 32,5 Kilometer soll sich die Nordradde durch die Ausläufer des Hümmling schlängeln. Sie entspringt am östlichen Rand der hügeligen Geestlandschaft in Spahnharrenstätte und ist zunächst Teil des Spahnharrenstätter Grabens. Wer sich über den ungewöhnlich langen Orts- und auch Flussnamen wundert: Er entstand nach dem Zusammenschluss der beiden Siedlungen Spahn und Herrenstätte. Beide sind uralt und bereits seit dem ersten Jahrtausend unserer Zeitrechnung bekannt.

Bald emanzipiert sich der Flusslauf vom komplizierten Quellnamen, gräbt sein eigenes Bett in südwestlicher Richtung und heißt das Fließwasser des Wehmer Grabens willkommen. Ab da ist es offiziell die Nordradde, die gemütlich weiter durch den Hümmling mäandert. Dass sie einmal wilder war und die Landschaft maßgeblich geformt hat, davon erzählen noch die vielen Flussschleifen. Entstanden aus einer Urlandschaft, als der Wasserlauf von Niedermooren gesäumt und gespeist wurde. Zu den besonderen Bewohnern der Nordradde gehören zwei gewichtige Nager: der Bisam und die Nutria. Beide werden volkstümlich auch „Ratte" – mit der sie rein gar nichts gemein haben – genannt. Bisamratte der eine, Biberratte der andere. Möglich, dass sich der Name des Flusses von den beiden eifrigen Landschaftsgestaltern ableitet.

Bei Stavern drehte sich lange ein Mühlrad durchs Wasser der Nordradde. Das hübsche Fachwerkensemble der Wassermühle Bruneforth ist ein schöner Ort, um Wasserblicke zu genießen. Auch, wenn die heutige Museumsmühle nach einem Brand im Jahr 1974 neu aufgebaut werden musste, zeigt sie doch originalgetreu, wie sie vor 500 Jahren aussah: mit heimeligem Klinker in den Gefachen, roten Schindeln, weiß gerahmten Sprossenfenstern und mächtigem Wasserrad. Ein fotogenes Stück Geschichte. Ebenso fotogen, vor allem im Sommer, wenn die Ausläufer grün belaubt sind, ist die Weidenkirche am Weiher. Mit zum Spalier gebogenen Weiden, die im Sommer Schatten spenden. Einfach zauberhaft!

TIPP
Über den Staverner Mühlenpfad und begleitet von steinzeitlichen Spuren durch den Hümmling wandern.

- Wassermühle Bruneforth, Bruneforth 1, 49777 Stavern
- ÖPNV: Bus 930, 947, Haltestelle Bruneforth

Steinreich

52 De hoogen Steener bei Werlte

In der Archäologie bezeichnet das Neolithikum – auch Jungsteinzeit – die Epoche, in der sich der Mensch vom Jäger und Sammler zum sesshaften Bauern entwickelt und lernt, Wildtiere zu domestizieren. Eine Entwicklung über Generationen. Eine Entwicklung auch, die sich nicht überall in Europa gleichzeitig vollzog. So hielten etwa die Menschen im nördlichen Mitteleuropa und in Skandinavien rund 2000 Jahre länger an einer Jägerkultur fest als die südlich von ihnen lebenden, auch Bandkeramiker genannten Menschen. Sie wird Trichterbecherkultur genannt. Namengebend für frühzeitliche Gesellschaften sind häufig Art, Form und Verzierung ihrer Keramiken. Obschon sie nicht zu den Pionieren des bäuerlichen Lebens gehörten, stammen in Mitteleuropa doch die ältesten Nachweise für die revolutionäre Nutzung von Rad und Wagen aus der Trichterbecherkultur. Faszinierend schön eingeritzt in ein Keramikgefäß, das auf 3636 bis 3373 vor Christus datiert wird. Auch das beeindruckende Großsteingrab De hoogen Steener in Werlte ist der Trichterbecherkultur zuzuordnen. Seine Entstehung wird auf 3500 bis 2800 vor Christus datiert. De hoogen Steener liegen etwa 3 Kilometer außerhalb von Werlte versteckt in einem Laubwald, was das Suchen und Finden der erstaunlich gut erhaltenen Stätte zu einem kleinen Abenteuer werden lässt. Die Ausmaße des Grabes sind mit 29 Metern Länge und etwa 2 Metern Breite immens. Es gilt als das längste Megalithgrab im Emsland und nimmt schon deshalb eine Sonderstellung ein. Die typisch ovale, aus kleineren Findlingen bestehende Grabeinfassung lässt sich allerdings nur noch erahnen. Vermutlich wurden sie abgetragen und die Steine beim Bau einer Kirche im Jahr 1344 genutzt. Auch das Verschwinden anderer Steingräber – nur noch etwa ein Zehntel soll heute erhalten sein – erklärt sich durch den Bau mittelalterlicher Steingebäude wie Hofstellen, Kirchen oder Grenzmauern. So besteht das Gestern auf faszinierende Weise im Heute fort!

● De hoogen Steener, zwischen Loruper und Werlter Straße, nahe Hubertus Denkmal, 49757 Werlte (ca. 100 Meter Fußweg waldeinwärts)

Bäume pflanzen

53 Der Klimawald am Raddesee

„Vom Acker zum See" lesen Besucher auf einer Infotafel am Ufer des kleinen Raddesees östlich von Sögel. Und tatsächlich gab es hier, in der Raddeniederung, vor nicht allzu langer Zeit statt Fischgewässer landwirtschaftlich genutzte Fläche. Während in den 1960er-Jahren durch eine teilweise Begradigung der Nordradde, die in unmittelbarer Nähe verläuft, wertvoller Lebensraum für Flora und Fauna verloren gegangen ist, wurden bis 2012 neue, naturnahe Stillgewässer angelegt und vorhandene – naturferne – umgestaltet, um Ersatzbiotope zu schaffen.
Der Raddesee ist mit seiner Größe von etwa 145 x 100 Metern mit nur einem Blick erfassbar. Er wird vor allem von Anglern hochgeschätzt für seine Karpfen und Karauschen, für Barsche, Brassen, Aale und andere Speisefische. Eine aus Baumstämmen, Ästen und anderem Holz gefertigte Skulptur eines Anglers mit Hut und Pfeife ist ein origineller Hingucker.
Am westlichen Ufer schließt ein junger Klimawald an. Als Projekt der niedersächsischen Stiftung Zukunft Wald wurde er im Frühjahr 2013 von mehr als 1000 Schülerinnen und Schülern der Sögeler Schule am Schloss sowie des Hümmling-Gymnasiums angelegt. Auf dem 2,1 Hektar großen Areal sind die 11.000 gepflanzten Bäume in über 10 Jahren gut herangewachsen, darunter heimische Gehölze wie Eichen und Hainbuchen, Weißdorn und Birken. Seit 2023 existiert auch ein eigens angelegter Rundweg. Ziel des Projekts ist einerseits ein allgemeiner Beitrag zum Klimaschutz. Auf der anderen Seite dient der Klimawald als Unterrichtsraum für die beiden beteiligten Schulen. Aufenthalt und Arbeit im Schulwald soll bei den jungen Menschen die Verbundenheit zur Natur stärken. Unter dem Leitmotiv „Global denken, lokal handeln" wird spielerisch, forschend und lernend aufgeforstet. Bäume in den Boden pflanzen statt Wörter in den Kopf. Ein schöner Gedanke! Der Klimawald Sögel ist einer von inzwischen bereits 75 von der Stiftung geförderten Schulwäldern. Eine Zahl, die beflügelt!

TIPP

Mehr zum Thema Schulwälder gegen Klimawandel erfahren (www.zukunftwald.de).

● Raddesee und Klimawald, Zum Raddesee, 49751 Sögel

Gezeitenwelle

54 Die Schleuse Herbrum bei Papenburg

Bei Gewässerkilometer 212,6 sorgt die Schleuse Herbrum als eine unter vielen für die geregelte Weiterfahrt der Emsschiffer. Sie ist die nördlichste auf dem Dortmund-Ems-Kanal und markiert den Übergang vom Süßwasserbereich des Flusses zur Tideems. Fachsprachlich nennt man den weiteren Flusslauf Ems-Ästuar. Und wer sich nun fragt, was es damit auf sich hat: Es ist eine trichterförmige Bucht, die durch regelmäßige Flutwellen und Ebbströme in einem Flusstal entsteht. An der Ems dringt die Gezeitenwelle bis nach Papenburg vor.

Die aktive Schleusenkammer bei Herbrum stammt aus dem Jahr 1966. Eine ältere, kleinere wurde bereits 1899 zusammen mit dem Dortmund-Ems-Kanal in Betrieb genommen. Die „neue Schleuse" verfügt über eine Nutzlänge von 165 Metern. Hier werden kleine Boote und große Frachter geschleust, auch ganze Schubverbände. Zwischen 6 Uhr in der Früh und 22 Uhr am Abend können Interessierte das Schauspiel beobachten. Zusehen, wie sich die gewaltigen Schleusentore öffnen, Wasser in die Kammer strömt und wieder hinaus. Manchmal liegen Schiffe in der Warteschlange. Ein faszinierendes Zusammenspiel von Ingenieurskunst und den Kräften der Natur, gesteuert von Menschenhand.

TIPP

Von der Schleuse in die Emsauen wandern, etwa über den Hürenweg.

Herbrum liegt an einem naturräumlich bedeutenden Ort: Wo sich im ständigen Wechsel von Ebbe und Flut Süßwasser eines Flusses mit dem salzigen Wasser des Meeres mischt, entsteht wertvoller Lebensraum für Flora und Fauna. Der Masterplan Ems 2050 soll dafür sorgen, dass er erhalten bleibt. Was der Plan unter anderem vorsieht, lässt sich unweit der Schleuse am Emswehr beobachten. Dort mäandert der Fluss parallel zum Kanal und durch fruchtbare Auen, dort hat man den Fischen das Wandern erleichtert. Denn Wehre und Schleusen beeinträchtigen die natürliche Reise von Aalen, die von ihren Laich- und Schlupfgebieten im Meer aufsteigen, von Lachsen, Krebstieren und vielen anderen Wasserlebewesen. Fischpässe helfen beim Überwinden von Tide, bei Überschwemmungen oder Dürre. Ein schöner Hoffnungsschimmer!

● Schleuse Herbrum, Zur Emsschleuse, 26871 Papenburg

Herbrum

Die Frau von Mundeloh

55

Der Skulpturenwald bei Gut Landegg in Haren

Sie muss eine beeindruckende Frau gewesen sein: Jutta Gräfin von Ravensberg. Im frühen 13. Jahrhundert geboren – das genaue Datum ist nicht bekannt –, als Minderjährige verlobt, verheiratet und schon bald verwitwet. Als Erbin zahlreicher Güter und Herrschaftsansprüche im Emsland soll sie sich um 1250 oft auf der Landegger Burg bei Haren und auf einer nahen Besitzung im Ham aufgehalten haben.

Aus dem Wenigen, das über Jutta von Ravensberg bekannt ist, entstanden über die Jahrhunderte zahlreiche Mythen. Wohlwollend und freigiebig soll die junge Frau gewesen sein, aber auch spöttisch. Die Avancen zahlreicher Edelmänner wehrte sie mit List ab, heiratete schließlich doch ein zweites Mal: Walram von Montjoie. Aus dem Namen Montjoie wurde im Volksmund Mundeloh. Geld und Gold habe die Gräfin in einer Truhe verschlossen. Die versank mitsamt der Burg im Ham in einem mystischen Weiher: dem Woilol. Alle sieben Jahre am Johannistag steige die Goldtruhe in der Stunde vor Sonnenaufgang aus den Tiefen des Teichs an die Oberfläche. Wem es gelänge, sie schweigend aus dem Wasser zu ziehen, dem gehöre der Schatz. Im Jahr 1932 stößt ein Knecht bei Feldarbeiten in Landegge auf einen Steintopf mit 65 Silbermünzen. Sie stammen vermutlich aus dem Dreißigjährigen Krieg, als der schwedische Graf Königsmarck mit seinen Truppen durchs Land marodierte.

TIPP

Zum Picknick an die Mündung vom Mersbach an die nahe Ems spazieren (Grillplatz).

Im Sommer 2012 initiierte der Kunstkreis Haren ein inspirierendes Projekt und lud die Menschen der Stadt zur Spurensuche nach der geheimnisumwobenen Edelfrau ein. Sich unter künstlerischer Anleitung durch Fotografie, Stricken, Töpfern und mehr der Frau von Mundeloh kreativ anzunähern, fand begeistertes Echo. Einzeln, in Gruppen, generationsübergreifend entstanden ebenso fantasievolle wie beeindruckende Kunstwerke. Sie alle haben einen Platz im öffentlichen Raum gefunden, wo sie auch viele Jahre nach ihrer Entstehung zu sehen sind. Im Skulpturenwald am Gut Landegge können sich Interessierte auf ihre eigene Spurensuche begeben: nach der Frau von Mundeloh.

- Skulpturenwald Frau von Mundeloh, gegenüber von Alte Sande 1, 49733 Haren
- ÖPNV: Bus 915, Haltestelle Landegger Berg

Dem Himmel so nah

56 Das Borkener Paradies bei Meppen

„Zum Paradies“ steht in weißen Lettern auf blauem Grund auf dem Wegweiser. Die schmale Straße mit dem verheißungsvollen Namen schlängelt sich durch Wiesen und Felder, bevor ein Weg abzweigt und geradewegs zum Ems-Altarm führt. An dessen Ende lockt ein Aussichtsturm mit Landschaftsblicken. Ein paar Stufen bringen Besucher dem Himmel ein winziges Stückchen näher, während ihnen das Paradies zu Füßen liegt: uraltes Weideland und Auwald, umschlossen von der alten Ems. Bei Hochwasser tritt sie noch regelmäßig über ihre Ufer. Rinder und Pferde, die sich ins Blickfeld schieben, setzen die alte Tradition der Hute fort. Wenn auch ohne die einstige Notwendigkeit. Das Land, das heute Borkener Paradies heißt, diente Generationen von Bauern und Heuerlingen als Allmende. Im Frühjahr konnte das eingetriebene Vieh Schösslinge fressen, ab und zu geschneitelte Äste und Triebe, die für ihre gefräßigen Mäuler unerreichbar waren, und sich im Herbst an Masteicheln laben. Seit 1937 steht das Borkener Paradies unter Naturschutz. Erst 1986 tauschten die letzten Landwirte ihren Huteanteil gegen Ackerland. Die vierbeinigen Bewohner von heute werden vom Land Niedersachsen ins Paradies getrieben.

TIPP

Dem Altarm Versen bis zur Mündung in die Ems folgen, dort rauscht der Fluss durchs Versener Wehr.

Neben den sandigen Heideflächen, wo es im Spätsommer lila aufblüht, sind vor allem die urwüchsigen Hutebäume landschaftsprägend. Baumriesen, deren Wurzeln teils ausgewaschen sind und knorrig über die Erde kriechen. Mit ausladenden Kronen, die davon erzählen, wie sie vor langer Zeit gekappt wurden, um mehr und dichtere Äste auszubilden. Dendrochronologische Untersuchungen haben das Alter einiger Stieleichen auf gut 500 Jahre bestimmt. Als Gutenberg den Buchdruck erfand, Kolumbus Amerika entdeckte und Luther seine Thesen an die Tür der Kirche zu Wittenberg schlug, keimten die ersten Bäume im Borkener Paradies. Napoleons Soldaten sollen 300 Jahre später in ihrem Schatten geruht haben. Faszinierende Geschichten, die heutige Besucher begleiten, wenn sie an sonnigen Tagen selbst ein schattiges Plätzchen suchen.

- Aussichtsturm am Borkener Paradies, Zum Paradies, 49716 Meppen
www.borkener-paradies.de
- ÖPNV: Bus 919, Haltestelle Auf dem Marsch oder Frankfurter Straße

Im Schmetterlingsgarten

57 Die Welt von Emsflower in Emsbüren

Am 23. Mai 1707 wurde der schwedische Naturwissenschaftler, Mediziner und Botaniker Carl von Linné in Småland geboren. Schon als Kind begeisterte sich Linné für die Natur. Schuld daran waren wohl die ungewöhnlichen Gewächse, die der Vater im Garten kultivierte. Einem kurzen Studium der Medizin folgte die leidenschaftliche Erforschung der Botanik. Linné begann Pflanzen zu klassifizieren. In der Zoologie ordnete er den Homo sapiens ins Tierreich ein, auch für Mineralien schuf er eine Ordnung. Bis heute sind seine Systematiken Standard in der Biologie. Die Idee der Blumenuhr geht ebenfalls auf Linné zurück. „Gott erschuf, Linné ordnete". Kein Name wäre würdiger für die Adresse von Europas größter Gärtnerei: Emsflower. Wer das Unternehmen besucht, um einen Blick hinter die Kulissen der Pflanzenzucht zu werfen, kommt in die Carl-von-Linné-Straße. Dort reihen sich hochtechnisierte Gewächshäuser zu endlosen Reihen abstrakter Architektur. Sie sind die Kinderstube von Balkon- und Beetpflanzen. Seit einigen Jahren werden dort auch Tomaten für Niedersachsens Küchen herangezogen. Besucher können die Produktion besichtigen, sich von Stecklingsrobotern begeistern lassen und den Mitarbeitern der Gärtnerei der Superlative lauschen, wenn sie vom Züchten, Hegen und Pflegen der Pflanzen unter den gläsernen Dächern erzählen. Der Bewässerungskreislauf mit Regenwasser, die Strom- und Wärmegewinnung mit Bio-Kraftwerk und Wasserdampf, der Turbinen antreibt, sind mindestens ebenso spannend. Weil das erzeugte Klima wunderbarerweise perfekte Bedingungen für so zarte, schillernde und faszinierende Lebewesen wie Schmetterlinge bereithält, gibt es bei Emsflower einen eigenen Schmetterlingsgarten. Mehr als 1000 Falter aller Farben und Größen umschwirren dort tropische Pflanzen oder laben sich an süßem, saftigem Obst, das sie mit ihren Fühlern aufspüren. Sogar an den Beinen besitzen manche Schmetterlinge Geschmackszellen, die ihnen helfen, die richtigen Futterpflanzen zu finden.

- Emsflower, Carl-von-Linné-Straße 1, 48488 Emsbüren, www.emsflower.de
- ÖPNV: Bus 154, Haltestelle Emsflower

Über Planken schwanken

58

Auf dem Moorlehrpfad in der Speller Dose

Charakteristisch für das Emsland sind seine weitläufigen, an ihren Rändern oft nicht exakt definierten Moorlandschaften. Dazwischen schmiegen sich mehrere kleine Moore, die gänzlich von der höher gelegenen Geest, eiszeitlichen Sandablagerungen, umschlossen sind. Diese besondere Moorform wird Dose genannt.

Bei Spelle liegt eines dieser kleinen Dosenmoore. Spontan ist es nicht als solches erkennbar, weil es dicht von Birken bewachsen ist. Ein typisches Phänomen von Moorlandschaften, die nicht mehr beweidet werden. Birken breiten sich gern und schnell aus. Auch an der Speller Dose soll wieder entkusselt werden, um die unerwünschte Vegetation kurz zu halten. Zwischen den Birkenstämmen können Besucher schon wieder die moortypische Vegetation beobachten. Etwa das im Frühjahr mit seinen buschigen weißen Fruchtständen weithin leuchtende Wollgras. Eine Charakterpflanze in Regenmooren. Durch seine faserig zerfallenden Blätter trägt das Wollgras wesentlich zur Torfbildung bei. Oder die zarten Torfmoose, die für ihr Wachstum eine spannende Symbiose mit Pilzen eingehen. Eine Besonderheit in der Speller Dose sind die Bult-Schlenken-Komplexe. Der wenig charmante Name bezeichnet eine faszinierende Oberflächenform, die aus wassergefüllten Vertiefungen und von Moosen überzogenen Kuppen, den sogenannten Bulten, besteht. Sie existieren in unterschiedlichen Stadien, wachsen und vergehen. Ein natürlicher Kreislauf, der jedoch empfindlich auf kleinste Eingriffe reagiert, etwa auf Fußtritte. Nicht allein deswegen führt ein Hochpfad auf etwa 100 Metern durch das Naturschutzgebiet. In regelmäßigen Abständen sind dort Schautafeln mit spannenden Informationen zum Lebensraum Moor angebracht. Ein Aussichtsturm bietet einen Rundumblick auf die Landschaft. Vor allem einen Perspektivenwechsel: Aus 6 Metern Höhe ist gut erkennbar, wo sich die empfindlichen Torfbulten ausbreiten. Im Moor lohnt es, genauer hinzusehen: Seine typischen Bewohner offenbaren ihre Schönheit oft erst auf den zweiten Blick!

TIPP

Den idyllischen Moorsee Huilmans Mörken besuchen – ein Naturdenkmal (Auf der Huile, 48480 Schapen).

- Moorlehrpfad Speller Dose, Moorweg 4, 48480 Spelle
- ÖPNV: Bus 141, Haltestelle Räkers (ca.1,4 Kilometer zu Fuß)

In Pastors Garten

59 Am Heimathaus von Vrees

Genaugenommen ist es zugereist und beginnt erst Wurzeln zu schlagen: das außergewöhnlich schöne Fachwerkgebäude am Pastoren Meer, das heute der Dorfgemeinschaft als kulturelles Zentrum dient. Erbaut wurde es im Jahr 1780 im 60 Kilometer entfernten Voltlage. Über die frühe Geschichte des Bauernhauses ist nicht viel zu finden. 1989 zog es Stein für Stein nach Vrees, wo es sich bestens ins Bild der kleinen Gemeinde einfügt. Vrees hat bereits einige Male bei Wettbewerben wie dem „Europäischen Dorferneuerungspreis“ oder „Unser Dorf hat Zukunft“ mit toller Optik, vor allem aber mit guten Konzepten punkten können. In Vrees weiß man, dass es bei Dorfentwicklung nicht nur um Gebäude und Plätze geht. Es geht um die Menschen. Und deren Zusammenleben.

Für Besucher von Vrees, dessen Name sich vom altfriesischen Wort „vris“ für Moor ableitet, ist das Haus mit dem tiefgezogenen Dach und den schmalen Butzenfenstern meist nur von außen anzuschauen. Drinnen finden Aktivitäten des Heimatvereins und anderer Ortsgruppen statt. Das Vereinsleben ist rege, man kümmert sich. Es ist dem Gebäude anzusehen, denn mit seinen adretten Beeten, den im Sommer Schatten spendenden Bäumen und den rot geklinkerten Wegen, wirkt es wie bewohnt. Und dann ist da noch „Pastors Goarn“, Pastors Garten, der das Heimathaus an zwei Seiten als Oase für die Sinne umgibt. Er ist jederzeit zugänglich. Ein typischer Bauerngarten mit niedrigem Buchsbaum und höheren Wallhecken, die die Fläche hübsch strukturieren. Hier wachsen traditionelle Stauden und allerlei Kräuter, hier gibt es Unterschlupf für kleine Wiesen- und Feldbewohner und Nistmöglichkeiten für Vögel. Während die Natur dem Garten im Wechsel der Jahreszeiten immer neue Kleider überstreift, wird es in der kalten Jahreszeit blass und still. Die Pflanzen ziehen sich zurück, die Tiere halten Winterschlaf. Nur die gefiederten Bewohner flattern unerschrocken umher auf der Suche nach letzten Leckerbissen.

- Heimathaus Vrees, Pastoren Meer 8, 49757 Vrees
- ÖPNV: Bus 931, 980, 987, Haltestelle Kirche

Anno 1780 den 22 Junÿ
I·H·S·
17A

130 Stufen himmelwärts

60

Der Alte Turm in Papenburgs Obenende

Zwei Drittel der deutschen Schiffstonnage waren bis 1835 in Ostseehäfen beheimatet. Mit Preußen als dominierender Handelsmacht und Sankt Petersburg, gefolgt von Riga und den kleineren Häfen Libau, Pärnu, Reval – dem heutigen Talinn – sowie Narva als wichtigen Umschlagplätzen. Schiffer aus Papenburg knüpften vermutlich besonders enge Handelsbeziehungen mit Riga. Im Jahr 1848 sollen an einem einzigen Tag 64 Papenburger Lastensegler in der lettischen Hafenstadt vor Anker gelegen haben.

Damals gab es einen markanten, achteckigen Leuchtturm in der Rigaer Bucht. Beseelt von dessen Erscheinung fühlte sich der Ostseeschiffer Johan Bloem inspiriert: Ein gleicher Turm wäre ein würdiger Abschluss für die heimische Michaeliskirche. Die stand seit 1783 ohne Glockenturm im Papenburger Obenende. Ihre Glocken baumelten an einem provisorischen Holzgerüst auf dem Kirchhof. Bloem begeisterte andere Kapitäne und Seemänner, er sammelte Gelder und suchte nach fähigen Handwerkern. 1848 setzte man den ersten Spatenstich für den Alten Turm, wie er heute genannt wird. 48 Meter hoch vom Fuß bis zur Spitze der eleganten Zwiebelhaube. Die hatte man im Franziskanerkloster des benachbarten Aschedorf abgetragen und dem Papenburger Turm aufgesetzt. Mitsamt 5300 Schindeln.

Die Michaeliskirche von einst existiert nicht mehr. 1910 musste sie einem Neubau weichen. Der Alte Turm aber ragt unverändert in den Himmel. 2023 wurde er renoviert. Im Rahmen einer Führung (ab zehn Personen) können Besucher auch hinaufsteigen. 130 Stufen sind es bis zur Aussicht über die Stadt mit ihren zahlreichen Gräben und Kanälen, die grafische Muster in die Landschaft zeichnen. Statt auf die Turmspitze zu steigen, kann man auch einen Blick in die neue, sehr sehenswerte Kirche werfen. Mit seiner hellblauen Ausstattung und den goldenen Sternen erinnert der Altarraum an ein Himmelsgewölbe. Auch nachts ist der Alte Turm als leuchtende Silhouette weithin sichtbar. Ein beseelendes Erlebnis.

TIPP

In unmittelbarer Nähe liegt das Freilichtmuseum Von-Velen-Anlage (www.von-velen-anlage.de).

- Der Alte Turm, Umländerwiek rechts 1, 26871 Papenburg
- ÖPNV: Bus 970, 971, 972, Haltestelle Michaelisplatz

Bootspartie

61 Am Kanuhof Zur Ems bei Lingen

Es sind nur wenige Schritte vom renovierten Gehöft Zur Ems bis ans Ufer des Flusses und den einladenden Bootsanleger. Einige Kanus liegen startbereit im Gras, andere so, als seien ihre Besitzer nur kurz an Land gegangen. Vielleicht, um Leckeres aus der Küche der Ausflugsgaststätte zu probieren. Die ist legendär. Hat sich die Betreiberfamilie Berger doch schon lange einen Namen gemacht. Man kennt sie als Grillspezialisten und kreative Köche. Slow Food und Nachhaltigkeit gehören zu ihrer Philosophie. Auf der Karte finden Gäste lokal angebaute Produkte und Fleisch vom Bentheimer Landschwein, einer alten Haustierrasse. Heißes ist fair gehandelt, Weine sind gut und Bio. Vegan und glutenfrei sind hier keine Platzhalter und einmal wöchentlich gibt es ein fantasievolles vegetarisches Buffet. Genuss für jeden Gaumen. Auch Süßes, denn das braucht fast jeder einmal fürs kleine Glück.

Die Gaststätte ist in hellen Farbtönen eingerichtet. Bei Sonnenschein wird die Terrasse zum Lieblingsplatz. Oder doch lieber rauf aufs Wasser? Wie gut, dass der Kanuverleih zum Konzept gehört! Touren für Anfänger und routinierte Kanuten, kurze Strecken oder Zwei-Tages-Touren: Kondition und Können bestimmen die individuelle Wahl!

Am Anleger wogen Wasserpflanzen in der Strömung. Hier sitzt man auch ganz wunderbar einfach nur auf dem sonnenwarmen Holz, lässt die Beine ins Wasser baumeln und die Gedanken fliegen. Aktive lassen ihr Kanu zu Wasser und paddeln los. Stromabwärts liegt nach einer kurvenreichen Strecke mit dem Biener Busch ein erstes Highlight – mit eigenem Anleger. An Land gehen, einmal durch den Wald spazieren, weiterpaddeln oder wieder zurück. Müde Kanuten können sich sogar abholen lassen. Ein großartiger Service vom Kanuhof. Ab hier fließt die Ems gerader, aber nicht weniger schön mit ihren dichten Ufersäumen, in denen sich gern Wasservögel ducken. Wer das Kanu ruhig treiben lässt, lockt die Vögel vielleicht aus ihrem Versteck und erhascht einen Blick auf sie.

TIPP

300 Meter entfernt liegt der kleine, baumbestandene Wachendorfer See – perfekt zum Baden.

- Kanuhof Zur Ems, Dalumer Straße 20, 49808 Lingen, www.kanuhof-zurems.de
- ÖPNV: Bus 171, Haltestelle Dalumer Straße

Zwischen den Ländern

62

Der Aussichtsturm im Bargerveen bei Twist

Einen Turm, ein Fernglas und ein wenig Geduld: Mehr braucht es oftmals nicht, damit sich das Glück einstellt. Am Silbersee bei Twist, am Ende des gleichnamigen Wegs, steht der perfekte Aussichtsturm für Vogelkundler und solche, die es vielleicht – wenn auch nur für einen Tag – werden wollen. Ein solider Holzturm mit überdachter Kanzel, einige Meter hoch. Bis an seine Plattform soll die Torfschicht hier am Rand des Bargerveens einmal gereicht haben. Erstaunlich!
Der Aussichtsturm steht auf der Grenze zwischen Deutschland und den Niederlanden. Hier liegt das Bargerveen als Teil des grenzüberschreitenden Naturparks Bourtanger Moor-Veenland. Hier beginnt das Vogelparadies. Der Turm bietet eine faszinierende Sicht über die mosaikartige Moorlandschaft und ihre Bewohner, ohne die beheimatete Vogelwelt zu stören. Und die ist überwältigend!
Es gibt Durchzügler, Winter- und Dauergäste und Exoten – weil von weither angereist oder weil die Art so selten geworden ist. Am Turm informieren Tafeln über 27 typische Arten der Region. Zu den charakteristischen Moorbewohnern zählen Kolkrabe, Habicht und Baumfalke oder die Rohrweihe, die ebenfalls zu den Greifvögeln gehört. Auch der kleine Feldschwirl ist häufig anzutreffen. Der eher unscheinbar gefiederte Vogel erinnert in seinem Gesang an Heuschrecken. Deswegen trägt er den Beinamen „locustella", zu Deutsch: kleine Heuschrecke.
Auf den Wasserflächen, die vom Turm gut zu überblicken sind, tummeln sich Löffelenten und Krickenten, auch Schwarzhalstaucher, die mit ihrem kurzen Schnabel und den orangefarbenen Federbüscheln um feuerrote Augen sehr keck aussehen.
Im Winter kommen die Zugvögel aus der Arktis ins Bargerveen. Singschwäne und Zwergschwäne zu Hunderten, Gänse aus der Tundra zu Tausenden. Nach großem Spektakel am Himmel lassen sie sich auf den umliegenden Äckern nieder. Zu jeder Jahreszeit ein anderes faszinierendes Schauspiel mit neuen talentierten Hauptdarstellern!

TIPP

Ab Twist gibt es einen 5,5 Kilometer langen Wanderweg, der allein dem Blaukehlchen gewidmet ist.

● Vogelbeobachtungsturm Bargerveen, Am Silbersee, 49767 Twist

Kunst an der Schleuse

63

Der Meppener Kunstkreis

Einst wurden Koppelschleusen gebaut, um größere Fallstufen zu überwinden. Weil die Technik für eine einzige große Schleusenkammer fehlte, wurden zwei oder sogar drei Schleusenkammern hintereinander errichtet, bei denen das Untertor gleichzeitig das Obertor der tiefergelegenen Schleusenkammer war. In Meppen existiert noch heute eine derartige Koppelschleuse, die zwischen 1824 und 1828 am alten Ems-Hase-Kanal errichtet wurde. Selbst bei Niedrigwasser der Hase konnte man Schiffe so über einen Höhenunterschied von mehr als 4 Metern schleusen. Die Besonderheit, die auch als technische Meisterleistung gilt, ist ein zusätzliches Schleusentor in der Mitte der Kammer: Durch diese Raffinesse wurde eine einzige Kammer in zwei aufgeteilt. Die hölzernen Tore wurden von Muskelkraft bewegt – ein Kraftakt.

Die Koppelschleuse ist original erhalten und mehr als einen Blick wert. Dem Meppener Kulturnetzwerk Koppelschleuse hat sie ihren Namen geliehen. Unter dem organisatorischen Dach des Kulturnetzwerkes vereinen sich das Stadtmuseum Meppen und das Emsland Archäologiemuseum sowie der Meppener Kunstkreis. Tatsächlich befinden sich die Institutionen unter den echten Dächern benachbarter Gebäude. Der Kunstverein residiert gleich vis-à-vis der Koppelschleuse und macht seit 1977 durch Ausstellungen und eine eigene Kunstschule, durch Kunst-Exkursionen und wechselnde Workshops von sich reden. Das Augenmerk liegt auf lokalen Kunstschaffenden. Wenn auch nicht ausschließlich. Die „Wahrnehmungsfähigkeit des Kunstbetrachters schärfen" ist ein erklärtes Ziel des Vereins. Zum Dialog mit und über die Kunst anregen. Das scheint gelungen: Denn inzwischen mehr als 45 Jahre Engagement für die bildende Kunst sind bemerkenswert. Und erzählen eine schöne Erfolgsgeschichte. Ein Ort, der zu immer neuen Kunstentdeckungen einlädt. Auch das klassizistische Gebäude mit seinen Bogenfenstern und den Sandsteineinfassungen schmeichelt dem Auge des Betrachters.

TIPP

Von hier entlang des alten Ems-Hase-Kanals und bis zum Dortmund-Ems-Kanal spazieren.

● Meppener Kunstkreis, An der Koppelschleuse 19, 49716 Meppen
www.meppener-kunstkreis.de
● ÖPNV: Bus 5, Haltestelle Jugend- und Kulturgästehaus

Vom Glück auf Schienen

64

Das alte Bahnhofsgebäude in Haselünne

Der letzte Zug ist schon lange abgefahren, doch das alte Bahnhofsgebäude in Haselünne wirkt wie frisch herausgeputzt. Ein zweistöckiger Backsteinbau im wilhelminischen Stil. An- und Vorbauten, Veranden und Bogenfenster verleihen seiner architektonischen Strenge eine feine Eleganz. Ein hübsches Ensemble, bei dem auch etwas Nostalgie mitschwingt. Wie leicht kann man sich hier in die Anfänge der Eisenbahn zurückträumen, als das Reisen auf Schienen zu den großen Abenteuern gehörte: Als Lokomotiven die wartenden Passagiere in Dampfwolken hüllten; als Pleuelstangen Tonnen von Stahl erst langsam in Bewegung setzten und bald zuverlässig und in nie geahnter Geschwindigkeit über die Gleise rollen ließen. Ein Fest! Nicht für jeden, gewiss, schließlich gab es einst ganze vier Sitzplatzklassen von komfortabel gepolstert bis bretthart. Da konnte das persönliche Reiseempfinden durchaus variieren.

Eröffnet wurde der Haselünner Bahnhof im Jahr 1894. Zusammen mit der Fertigstellung der Bahnstrecke zwischen Meppen und Haselünne. 8 Jahre später folgte die Anbindung an Herzlake, 1907 an Lewinghausen und damit auch bis ins oldenburgische Essen. Eine Lücke war geschlossen. Die Bahn machte Furore, bekam aber bald Konkurrenz vom individuellen Personenverkehr.

Von Beginn an hatte der Personentransport auf der Strecke zwischen Meppen und Haselünne eine eher untergeordnete Rolle gespielt. Zwischen 1962 und 1970 wurden die alten Verbindungen nach und nach eingestellt. Von größter Bedeutung war hingegen der Güterverkehr. Bereits 1895, nur ein Jahr nach Inbetriebnahme der Strecke, wurde der Bahnanschluss bis an die Firma I. B. Berentzen erweitert. Berentzen, die schon 1758 in lokalen Akten als „Fuselbrenner“ erwähnt werden, ist eine von drei bis heute in Haselünne ansässigen Kornbrennereien. Während landwirtschaftliche Produkte, Dünger, Holz oder Kies noch immer über die Schienen rollen, endet die Reise für Passagiere schon vor dem alten Bahnhofsgebäude.

TIPP

Zwischen Mai und Oktober mit einer Museumsbahn durchs Hasetal fahren (www.eisenbahnfreunde-hasetal.net).

- Alter Bahnhof, Bahnhofstraße 9, 49740 Haselünne
- ÖPNV: Bus 101, 932, 933, Haltestelle Busbahnhof

Haselünne

Luftklinger

65

Die Alte Kirche von Rhede

Es ist die Luft, die in Schwingung versetzt werden muss, damit wir einen Ton vernehmen. Bei manchen Musikinstrumenten bringen wir zunächst Saiten zum Schwingen oder eine Membran, bei anderen erzeugen wir die Schwingung ganz ohne Umwege. Diese Instrumente heißen Aerophone. Wer sich in der Welt der Musik bewegt, kennt sie: „Luftklinger" ist das deutsche Wort und es ist beinahe poetisch. Blasinstrumente sind Luftklinger, auch die Mundharmonika, das Akkordeon und die Orgel. Wenn dann aus Schwingungen Musik wird, wenn sich die Klänge im Raum zu angenehmem Musikgenuss entfalten, ist Akustik im Spiel.

Heute denken gute Architekten auch über die ideale Raumakustik nach. Doch wie verhielt es sich in den Jahrhunderten zuvor? Es ist sicher kein Zufall, dass manch alte Kirche junge Musiker mit ihrer hervorragenden Akustik begeistert.

Die alte Pfarrkirche in Rhede ist für ihre Akustik bekannt, wenn nicht gar berühmt. Ein spätgotischer Ziegelbau ohne Allüren. Erhaben, in sich ruhend am linken Ufer der Ems. Aus dem Jahr 1470 stammt der Turm. Schon viel früher hat an gleicher Stelle wohl ein Vorgängerbau gestanden: Eine Pfarrkirche wird 1226 erwähnt. Profaniert wurde Alt-St. Nikolaus, weil das Gebäude der Pfarrgemeinde zu klein wurde. Die nutzt seit 1913 einen Neubau nur wenige Hundert Meter die Straße hinauf. Die Alte Kirche, wie sie gemeinhin genannt wird, ist heute offizielle Gedenkstätte des Emslands für die Opfer der Weltkriege. Und darüber hinaus Ort der Musik. Das Weener Organeum – Zentrum für die Orgelkultur in Ostfriesland – nutzt das Gebäude für Konzerte und Orgelunterricht. Dank des Ankaufs einer kostbaren Orgel aus dem 18. Jahrhundert verfügt man dort auch über ein würdiges Instrument. Vermutlich wurde sie vom neapolitanischen Orgelbauer Domenico Antonio Rossi gebaut. Die Kirche ist für Interessierte geöffnet. Täglich zwischen 8 Uhr in der Früh und 6 Uhr am Abend, im Sommer etwas länger. Und wer weiß? Vielleicht spielt dann ja gerade jemand die Orgel.

TIPP

Die Kirche ist Austragungsort der Reihe Kirchenmusik im Emsland.

- Alte Rheder Kirche, Sudende 38, 26899 Rhede
- ÖPNV: Bus 965, 955, Haltestelle Markt

Vom Winde verweht

66

In der Meppener Kuhweide

Wer in Rühle am Emsufer an der gleichnamigen Straße steht und auf die gegenüberliegende Seite des Flusses blickt, sieht sie deutlich: hellsandige Steilufer, viel höher als diesseits der Ems. Ein Baum scheint sich mit letzter Wurzelkraft zu halten. Fast waagerecht lehnt er über dem Wasser. Die Steilufer im Osten sind Reste alter Flussdünen. Über Jahrtausende wurde der Sand angeweht vom Wind, der hier stetig aus westlicher Richtung bläst. Äolische Kräfte.

Über den Steilufern liegt der Glücksort: das Naturschutzgebiet Meppener Kuhweide. Der Name verweist auf die frühere Nutzung. Seit dem 13. Jahrhundert war das Gebiet Gemeindeweide. Auf den sandigen Böden wuchsen einzelne Eschen und Eichen, Heide, Schlehen und Wacholder. Auch Magerrasen, auf dem viele leckere Kräuter und Wildblumen gut gedeihen. Die Kühe, Schweine und Schafe aller wurden nach gemeinschaftlichen Regeln auf die Kuhweide getrieben. Während die Tiere Wacholder verschmähten und die Früchte der dornigen Schlehe lediglich bei Vögeln als Leckerbissen gelten, boten die Wiesen ausreichend Nahrung, konnten sich Schafe am Heidekraut sattessen und sich Schweine im Herbst an Eicheln mästen. Die Hutebäume wurden mannshoch geschneitelt. Das geschnittene Holz mitsamt Laub getrocknet und als Winterfutter verwendet.

TIPP

Vom gegenüberliegenden Ufer (Am Emsufer) im Ortsteil Rühle das Steilufer der Kuhweide bewundern.

Irgendwann gerieten die alten Bewirtschaftungsformen in Vergessenheit. Für Ackerbau war das Land zu karg. Ein Glück! Alter Eichenbestand ist noch heute erhalten. Nach einigen Fehlversuchen gelingt das Schneiteln wieder. So erhalten Bäume eine niedrige Wuchsform mit weit verzweigten Kronen, typisch für alte Hutelandschaften. Kühe als neue Landschaftspfleger machen dem Namen des Naturschutzgebietes alle Ehre. Auch mit Bentheimer Landschafen knüpft man hier an alte Traditionen an. Die sensible Landschaft und seine neuen Bewohner erleben Besucher am besten auf einem Spaziergang über den Werner-Menne-Pfad, der als Rundweg durch die urtümliche Meppener Kuhweide führt.

- Meppener Kuhweide, Dalumer Straße, ab Reithof Bartling der Straße Richtung Ems folgen, 79176 Meppen
- ÖPNV: Bus 701, Haltestelle Abzweig Nödike (ca. 2 Kilometer zu Fuß)

Wasserbüffel im Moor

67 Das Fullener Moor bei Twist

Bis vor nicht allzu langer Zeit wurde im Fullener Moor noch Torf abgebaut. Seit einigen Jahren befindet sich das Gebiet in der Moorregeneration, seit Oktober 2022 steht es unter Naturschutz. Eine steile Karriere für das kleine Fleckchen Hochmoorrest, das zum ehemals ausgedehnten Bourtanger Moor gehört. Förster, Naturschutzorganisationen wie der NABU und privat Engagierte kümmern sich darum, dass im einstigen Torfabbaugebiet ein neuer Wald heranwächst und Flächen wertvoll wiedervernässt werden. Ganze 1,3 Millionen Bäume wurden in den Jahren zwischen 1980 und 1995 angepflanzt oder gesät. Pionierpflanzen und -bäume schaffen die Voraussetzungen für eine natürliche Bewaldung, dank Wiedervernässung kehren die typische Moorvegetation, seltene Vögel und Amphibien zurück. Besucher können auf zwei Erlebnispfaden nach den Moorbewohnern Ausschau halten. Etwa dem Gagelstrauch, dessen Rinde und Wurzeln früher zum Gerben von Tierhäuten oder zum Gelbfärben von Wolle verwendet wurden. Neuerdings haben ihn Mikrobrauereien fürs Bier entdeckt. Im Fullener Moor wurden schon Moosbeeren nachgewiesen, Wollgrase und Schnabelried oder der insektenfressende Sonnentau. Schön und grausam: Mit klebrigen Tropfen geht die kleine Pflanze auf Beutefang. Zu den bemerkenswertesten Erfolgen im jungen Naturschutzgebiet gehört vielleicht die Ausbreitung des Knabenkrauts. Der Bestand der seltenen Orchideenart mit den kolbenartigen Blütenständen aus Dutzenden Einzelblüten in allen Schattierungen von Hellrosa bis Purpurrot gehört zu den größten im Emsland.

Einige Landschaftshelfer mit imposantem Äußeren und friedliebendem Charakter ziehen kurz alle Aufmerksamkeit auf sich: Wasserbüffel. Dank langer Klauen, die sie weit spreizen können, stapfen die Tiere mühelos durchs morastige Gelände. Die Emsbüffel beweiden einen Teil im Fullener Moor und halten unerwünschte Vegetation kurz. Vor allem junge Birken, die wegen ihres enormen Wasserbedarfs im Moor keine gern gesehenen Gäste sind.

- Fullener Moor, Lange Straße/Am Fullener Wald, 49767 Twist
- ÖPNV: Bus 929, REX4, Haltestelle Rühlerfeld Siedlung (ca. 2,6 Kilomter zu Fuß)

DE 05 373
34 414

Gigant unter Riesen

68 Das Großsteingrab von Thuine

Es ist eines der bemerkenswertesten Megalithgräber Norddeutschlands, noch dazu in einem vorzüglichen Zustand: das Großsteingrab in der Kunkenvenne bei Thuine. Etwas versteckt in einem Waldstück und dort auf einer Kiefernlichtung liegt die Grabkammer. Mit 17 Jochen erreicht die Struktur eine Gesamtlänge von beeindruckenden 25,5 Metern. Weiß man, dass Joche in der Megalitharchitektur je zwei aufrechtstehende Tragsteine mit dem dazugehörenden Deckstein bezeichnen, kann man sich die einstigen Ausmaße dieser Anlage sehr gut vorstellen.
Während der „Franzosentied" – 1810 bis 1815, als das Emsland zu Frankreich gehörte –, sollen Offiziere Napoleons die Grabanlage durchwühlt haben. Ob sie etwas gefunden und entwendet haben? Wer weiß! Spätere Grabungen führten immerhin noch Objekte zutage. So grub 1820 Ernst Friedrich Herbert Graf zu Münster in der Kunkenvenne. Der Staatsmann hatte offensichtlich eine Schwäche für Altertümliches, ließ er sich doch später ein Mausoleum in Form einer Pyramide bauen. Er stieß auf Steingeräte, Bernsteinperlen und Gefäße. 1878 grub der Heimatforscher Hans Müller-Brauel am Hünengrab.
Neben ihrer enormen Größe weist die Anlage von Thuine eine weitere Besonderheit auf: Sie wird von zwei konzentrischen Steinkreisen statt von nur einem gerahmt. Ein sehr seltenes Bild. Vom äußeren Kreis sind 51 von ursprünglich vermutlich 58 Findlingen erhalten, vom inneren 60 der ehedem wohl 65 Steine. Die inneren sind kleiner als die äußeren.
Wie viele andere Gräber der Region, die alle der Trichterbecherkultur zuzuordnen sind, ist die Anlage in Thuine zwischen 3500 und 2800 vor Christus entstanden. Forscher gehen in vorsichtigen Schätzungen davon aus, dass etwa 30.000 Hünengräber im Verbreitungsgebiet der Trichterbecherkultur im nördlichen Mitteleuropa errichtet wurden. In Deutschland sind nur etwa 900 von vermutlich einst 5600 Anlagen erhalten. Anlagen, die architektonisch bemerkenswert sind und vielleicht auch von einem frühen künstlerischen Anspruch erzählen.

● Großsteingrab in der Kunkenvenne, Zum Großsteingrab, 49832 Thuine (ab Parkmöglichkeit etwa 500 Meter in den Wald)

Mond, Schafe, Bienen

69

Die Heide auf den Mansenbergen bei Groß Berßen

Sie sind einige der wenigen sanften Erhebungen im Emsland: die Mansenberge bei Groß Berßen. Die Heidefläche verdankt ihren Namen 83 erhaltenen Grabhügeln aus der älteren Bronzezeit um ca. 1600 bis 1200 vor Christus. Die Menschen begruben ihre Toten unter Hügeln aus Sand und Heideplaggen, die sie mit einem Steinkreis befestigten. Eine Interpretation des Namens ist darum „Menschenberge". Eine andere Theorie verweist auf das plattdeutsche Wort „Moaneberge" – hochdeutsch Mondberge – galt doch der Mond nach altem Volksglauben als Zuflucht menschlicher Seelen.

Die Mansenberge, die man zwar nur vom Feldweg aus betrachten, aber gut überblicken kann, stehen schon lange unter Naturschutz. Sie gehören zu den inzwischen wieder aufgeblühten Heidelandschaften, die sich seit der Sesshaftwerdung des Menschen in ganz Europa ausbreiteten. Um 1800 erreichte die Heide ihre größte Ausdehnung. Damit die Kulturlandschaft der Mansenberge erhalten bleibt, werden sie seit fast drei Jahrzehnten vom Bentheimer Landschaf beweidet. Die alte Schafrasse gilt als genügsamer und robuster Landschaftspfleger.

TIPP

Die Mansenberge liegen am 324 Kilometer langen Hünenweg von Osnabrück nach Groningen (www.huenenweg.com).

Auf den Mansenbergen sorgen die Bentheimer für eine offene Landschaft und die Rückkehr typischer Heidebewohner. Da ist die Besenheide, die von August bis in den Spätherbst blüht und Besucher durch ihre rosarote Färbung verzückt. Dann der gefährdete Behaarte Ginster sowie Englischer Ginster, außerdem dicke Polster der schwarzen, essbaren Krähenbeere.

Eine Besonderheit sind vier Wildbienenarten: die Sandbiene, die ihre Bruthöhlen ausschließlich in sandig lockeren Heideböden gräbt, außerdem die Wespenbiene, die Seidenbiene und die Filzbiene. Alle Arten sind selten geworden, auf den Mansenbergen jedoch zahlreich. Ein weiterer interessanter Bewohner ist der Stierkäfer, Insekt des Jahres 2024. Der Winzling mit den drei markanten Hörnern verwertet den Kot der Schafe und belüftet als talentierter Tunnelbauer die Heideböden ganz famos!

- Hügelgräberheide, Feldweg an der Kreuzung Sögeler Straße/Lange Straße, 49777 Groß Berßen
- ÖPNV: Bus 947, Haltestelle Behnen

Auf Kaffee und Klönsnack

70 Das Gemeindehaus in Wettrup

Wettrup zählt weit weniger als 1000 Einwohner, aber fast ein Dutzend Vereine: Da gibt es etwa die Sportgruppe und die, die Theater spielen, die freiwillige Feuerwehr oder die Schützen, die Landjugend und die Frauengemeinschaft, die schon vielbeachtete Kochbücher veröffentlicht hat. Es gibt selbstverständlich auch einen Heimatverein. Vielleicht liegt es daran, dass man sich auf dem Land einfach näher ist als in der Stadt, dass man sich häufiger zufällig auf der Straße begegnet und im alltäglichen Klönsnack Ideen hin- und herfliegen. Aus Ideen wird schnell mehr. Und für das Mehr braucht es einen Raum. Wenn der so schön ist wie das Wettruper Gemeindehaus, dann steht überbordender Kreativität nichts im Wege.

Das hübsche Fachwerkgebäude, unter dessen Dach auch die Feuerwehr ihren Treffpunkt hat, wird im Lauf jeden Jahres mit unterschiedlichsten Veranstaltungen belebt: dem Kunst- und Handwerksmarkt, mit Musik oder dem monatlichen „Café im Gemeindehaus". Dann haben auswärtige Besucher nach dem Kaffee und vielleicht auch nach einem Stück Kuchen – leckeres Hüftgold nach Wettruper Rezepten – beste Gelegenheit, sich auch innen umzusehen. Unterm Dach sind Ferienwohnungen eingerichtet. Man könnte also bleiben.

Tatsächlich hat es Wettrup mit seinem Gemeindehaus und den lokal gepflegten Bräuchen einmal bis ins Fernsehen geschafft. Der NDR war zu Gast und wollte genauer wissen, was es mit den Tunscheren auf sich hat. Eine Tunschere – auch Tuunschere oder Tunschare – ist ein kunstvoll aus Weidenruten gefertigtes Objekt, das als Neujahrsgruß verschenkt wird. Einst von Hofanrainern an den Herrn, heute an liebe Menschen. Eine Tradition, die bis ins 11. Jahrhundert zurückreicht. Handwerkliches Geschick braucht es fürs Schaben der Krüllen aus dem Weidenholz. Mit einem Spezialmesser locken sich die Späne zu Windsbräuten an der Rute. Erst mehrere zusammen, verziert mit Papierblumen und einem Gruß auf Papier machen eine Tunschere komplett. Wer eine geschenkt bekommt, darf sich glücklich schätzen.

- Das Haus am Schulbach, Am Schulbach 1, 49838 Wettrup
  www.heimatverein-wettrup.de
- ÖPNV: Bus 121, 641, Haltestelle Kirche

wurde hier eine Schule errichtet, doch
durch Feuer vernichtet. 1996 bauten wir dieses Haus. Gott segne alle, die hier gehen
Herzlich Willkommen

Am Gelben Fluss

71 Der Aussichtsturm an den Emsauen bei Oberlangen

Auf halbem Wege zwischen Haren und Lathen zieht die Ems zwei extravagante Schleifen. Während der Dortmund-Ems-Kanal im Osten ganz im Sinne seiner Erbauer schnurgerade verläuft, bauscht sich der Fluss im Westen in einem weiten Bogen, durchfließt ein Wehr und versöhnt sich ein kurzes Stück flussaufwärts erneut mit seinem schiffbaren Begleiter. Einen zweiten Bogen malt schwungvoll einer der vielen Altarme in die Landschaft: der Wehrarm Hilter. Vor Jahrtausenden wurde das Bett der Ems durch abschmelzende Gletscher geformt, später durch gezeitenabhängige Hochwasser verändert. Der Altarm ist keineswegs eine Laune der Natur. Vielmehr wurde er in den 1950er-Jahren einfach abgekappt. Jahrzehnte nach der Fertigstellung des Kanals, um den Wasserweg über die Ems weiter zu verkürzen. Es wurde still um ihn.

TIPP

Für weitere wunderbare Wasserblicke dem Emsufer bis zur Wehrbrücke Hilter folgen (ca. 700 Meter).

Als Teil des Natura-2000-Projekts ist die alte Flussschleife heute wieder quicklebendig. Zusammen mit den Emsauen bietet sie wertvollen Lebensraum für heimische Pflanzen und Tiere. Dort, wo sie im Süden von der Ems abzweigt, steht der Aussichtsturm Gelber Fluss. Wer dabei an Ostasien denkt, ist gedanklich zu weit gereist. Namensgeber ist die Farbe der Ems, die beinahe ausschließlich durch eiszeitliche Sandflächen fließt. Eine Besonderheit in Deutschland. Streckenweise ist der Fluss vom schwebenden Sand tatsächlich gelblich gefärbt.

Vom Turm ist der Ausblick bestens: auf das Wasser, auf die Auen, selbst der Altarm rückt ins Blickfeld. Gleich für ein ganzes Grüppchen Schaulustiger ist auf der Plattform Platz. Ein Feldstecher ist hilfreich, jedoch kein Muss. Hat man einen dabei, kann man die Ufersäume ins Visier nehmen und vielleicht einen schillernden Eisvogel entdecken, Uferschwalben oder die schön gemusterte Knoblauchkröte, die neben Kammmolch und Laubfrosch die Amphibien an der Ems würdig vertritt.

Einfach nur am Geländer lehnen und aufs Wasser schauen, ist im Grunde Aktivität genug. Die Strömung der Ems wirkt hypnotisch.

● Aussichtsturm am Gelben Fluss, über die Landegger Straße (L48), Abzweig zur Ems zwischen Kuhlenweg und Fleerweg, 49779 Oberlangen-Hilter

Glaubensfragen

72 Die evangelisch-reformierte Kirche in Lengerich

Sie wirkt, als würde es ihr ein wenig zu eng auf dem Flecken Grün am Markt von Lengerich: die spätgotische Hallenkirche mit dem goldenen Wetterhahn auf dem Turm. Ihre Geschichte beginnt irgendwann nach 800 mit einer Kapelle auf einem altsächsischen Adelshof. Man vermutet einen Fachwerkbau. Fachwerk war damals in der Region schon bekannt. Um 1000 wird ein erster romanischer Steinbau errichtet, von dem heute an der Westwand noch ein Mauerrest erhalten ist. Zur Kirchenburg ausgebaut, mit einer Ringmauer, Toren und einem Wehrturm befestigt, muss die Kirche den Menschen ab 1150 wie ein Bollwerk erschienen sein. Der untere Teil des Turms – gut am Unterschied im Mauerwerk zu erkennen – stammt aus dieser Zeit. Bautätigkeit deutet immer auf Gönner oder gute Geschäfte hin: Ab 1350 entsteht ein frühgotischer Anbau, das erste Joch des Chors. Bis 1538 wird sie zu ihrer heutigen Form ausgebaut. Nun hat sie einen Riss.

Kein Wunder, möchte man meinen, wenn man einen Blick in die Konfessionsgeschichte wirft: Sie beginnt im 7. Jahrhundert mit einer angelsächsischen Mission, gefolgt von einer fränkischen. Um 800 wirkt der sächsische Abt Castus, ab 1269 die Benediktiner, nach 1520 werden lutherische Einflüsse spürbar. Während Luther 1517 seine 95 Thesen in Wittenberg an die Schlosskirche nagelte und die sich von Osten nach Westen verbreiteten, schwappten die sittenstrengen, reformatorischen Gedanken des Schweizers Ulrich Zwingli und dessen Nachfolgers Johannes Calvin nach Norden. Vor dem Hintergrund des Dreißigjährigen Kriegs kam es auch in Lengerich zur katholischen Gegenreformation. Mit dem Westfälischen Frieden zog der alte neue Glauben ein: Bis heute gehört das Gebäude zur evangelisch-reformierten Kirche.

Von außen kann man den erhabenen Bau jederzeit besichtigen und die Spuren der Geschichte im Mauerwerk betrachten. Das protestantisch schlichte Innere mit einem romanischen Taufbecken aus Bentheimer Sandstein immer an Samstagen und Sonntagen von April bis Oktober.

- Evangelisch-reformierte Kirche, Am Markt, 49838 Lengerich
- ÖPNV: Bus 101, 111, 121, Haltestelle Busbahnhof

Poetisch schön

73 Die Stillgewässer von Kluse

Sie war eine außergewöhnliche Frau: Emmy von Dincklage-Campe, Schriftstellerin, Reisende, geübt im Reiten, Schießen, Rudern und anderen Fähigkeiten. Bemerkenswert für eine Frau ihrer Zeit. Geboren wurde sie als Amalie Ehrengarte Sophie Wilhelmine von Dincklage-Campe am 13. März 1825 auf Gut Campe in der Gemeinde Kluse. Schon früh hatte die belesene Mutter das Verständnis ihrer Tochter für Kunst und Literatur gefördert. Und schon früh fand Emmys Zuneigung zur emsländischen Heimat Ausdruck in Erzählungen. Den Mut, ihre schriftstellerische Tätigkeit der Öffentlichkeit zu präsentieren, fand die junge Frau jedoch erst 1857 mit der Novelle „Das Liebespaar". Sie selbst hatte sich zwar verliebt und verlobt – mit einem Hauptmann von Wenckstern – jedoch aus Rücksicht auf ihre Familie, die die Verbindung nicht guthieß, die Liaison wieder aufgelöst. Emmy blieb unverheiratet. Umso eindringlicher sind ihre scharfen Beobachtungen. Die knüpfen trotz ausgedehnter Reisen Emmys nach Italien, Ungarn, Dalmatien, die Niederlande, Frankreich und Nordamerika, immer wieder an die Menschen und die Kulturlandschaft des Emslands an.

Ein kleiner Grabstein auf dem Familienfriedhof von Gut Campe erinnert an die Dichterin. Der Rittersitz, dessen Geschichte bis ins Jahr 1350 zurückreicht, wird noch immer von der Familie von Dincklage bewohnt und ist darum nicht zugänglich.

Ein schöner Ort, der Emmy vielleicht inspiriert hätte, liegt in der Nähe und lädt zu einem Spaziergang und eigenen Beobachtungen ein: die Stillgewässer von Kluse. Es sind die Überreste des unvollendeten Seitenkanals Gleesen-Papenburg. An den Uferzonen des unter Naturschutz stehenden Gebiets stocken Eichenwälder, zahlreiche seltene Binsenarten und Froschkraut siedeln im Wasser. Reinweißer Wasserhahnenfuß, Pillenfarn, Sumpfjohanniskraut – zarte Pflanzen, poetische Namen. Hätte es den verwunschenen Ort zuzeiten Emmy von Dincklage-Campes schon gegeben, ganz sicher hätte er Widerhall in einer ihrer Erzählungen gefunden!

TIPP

Im Antiquariat nach den Novellen der Schriftstellerin suchen, etwa den „Geschichten aus dem Emslande".

● Stillgewässer Kluse, Westlicher Kanal Seitenweg/Ende Rosenstraße, 26892 Kluse
● ÖPNV: Bus 951, Haltestelle Kluse Bahnhof/Abzweig Wippingen (ca. 1,8 Kilometer zu Fuß)

Guter Geschmack

74 Im Hoflädchen Krone-Raue in Clusorth-Bramhar

Sie sind das mit Abstand liebste Obst der Deutschen, jährlich verspeist jeder rund 26 Kilo davon. Das sagen die Statistiken über die knackige Frucht, die zudem so gesund ist. Dafür sorgen rund 30 verschiedene Vitamine und der Ballaststoff Pektin. Er bindet Schadstoffe im Körper. Vielleicht hat auch das genetische Gedächtnis mit unserer großen Apfelliebe zu tun. Immerhin haben Forscher vom Max-Planck-Institut in Jena herausgefunden, dass in Europa und Westasien schon vor mehr als 10.000 Jahren Wildäpfel gesammelt wurden.

In Deutschland wächst der Apfel fast überall: vom Alten Land im Norden bis hinunter an den Bodensee. Im Herbst, wenn die Früchte rotgelb am Baum leuchten, ist Erntezeit. Auch auf den Streuobstwiesen. Die sind selten geworden. Denn wenn es um die Wirtschaftlichkeit geht, ist der Ertrag auf Streuobstwiesen hart erarbeitet. Ihre ökologische Bedeutung ist jedoch immens. Die Obstwiesen, auf denen oft eine Vielzahl unterschiedlicher Sorten – neben Äpfeln auch Birnen, Kirschen, Pflaumen oder Mirabellen – wachsen, ziehen zur Blütezeit zahlreiche Insekten an. Bienen und Schmetterlinge, Käfer und Spinnen lieben die Borke der Stämme. Im oft hohen nassen Gras leben Blindschleiche, Grasfrosch oder Zauneidechse.

Auf dem Hof Krone-Raue gibt es seit über einem Jahrzehnt wieder eine wertvolle Streuobstwiese. Dort wachsen bevorzugt alte, leckere Sorten. Pomologen, so heißen die Experten, die Apfelsorten noch bestimmen können, schwören auf die Bekömmlichkeit der alten Sorten, vor allem für Allergiker. Bei Krone-Raue wird das Obst nach der Ernte gekeltert und zu Saft verarbeitet, der neben anderen regionalen Produkten im eigenen Hofladen verkauft wird. Einmal im Jahr gibt es ein Apfelfest. Dann wird die Frucht gefeiert. Wer eigene Apfelbäume im Garten hat, jedoch den Namen nicht kennt, kann Früchte zur Bestimmung mitbringen. Oder unbekannte Sorten neu entdecken und seine Geschmacksknospen fordern. Es wird auf jeden Fall ein Fest!

● Hofladen Krone-Raue, Bramharstraße 12, 49811 Lingen, www.hof-krone-raue.de
● ÖPNV: Bus 101, Haltestelle Haus der Vereine

Das Glück der Langsamkeit

75

Der Landgasthof Backers in Twist

Schon optisch ein Genuss: blaue Kartoffeln. Auf dem Teller kokettieren sie mit ihrer Farbe. Den Gaumen streicheln die Knollen mit dem dunkelvioletten Fleisch mit herb-nussigen Aromen. Im Geschmack unterscheiden sie sich deutlich von gewöhnlichen Kartoffeln. Sehr überzeugend! Etwas schwieriger wird das Plädoyer für die Steckrübe. Ist sie doch mindestens einer Generation noch als Universalersatz in jeglicher Zubereitungsart für Frühstück, Mittag- und Abendessen bekannt. Taugt sie für den feinen Gaumen?

Im Landgasthof Backers wird jedes Gemüse gleich geschätzt. Potential haben sie alle. So sieht es die Slow-Food-Bewegung, nach deren Philosophie das Küchenteam um Helmut Backers arbeitet. Slow Food steht für bewusstes und genussvolles Essen. Was für ein Restaurant zunächst nicht außergewöhnlich erscheint, beinhaltet jedoch noch mehr: Regionalität, Saisonalität, Tradition. Und da kommen die Steckrüben ins Spiel. Sie sind ein Herbst- und Wintergemüse. Bei Backers findet man die Wurzeln – nur sie sind essbar – etwa als Stampf mit Ziegenjoghurt. Traditionelles bewahren, indem es neu interpretiert wird. Kulinarische Überraschungen für begeisterte Gäste. Vom deftigen Grünkohl – so typisch für das ländliche Norddeutschland – muss es ja nicht gleich ein ganzer Teller sein. Verfeinert mit Nuss, Feige und Schokolade wird daraus ein extravagantes Häppchen. Aber kann man Fichtennadeln essen? Zarte, frische Triebe eignen sich vorzüglich zum Einlegen oder, um einen feinen Sirup daraus herzustellen. Die heimische Natur ist ein Füllhorn der Möglichkeiten!

Die meisten Lieferanten für die vielbeachtete Küche in Twist kennen die Backers persönlich. Es sind kleine Betriebe aus der Umgebung, die sich den gleichen Prinzipien verpflichtet fühlen. Auch der Guide Michelin ist aufmerksam geworden und hat den Landgasthof in seinem Bib Gourmand portraitiert: Darin werden regelmäßig Restaurants vorgestellt, die hervorragende Menüs zu einem besonders guten Preis-Leistungsverhältnis anbieten.

TIPP

Von Helmut und Hendrik Backers stammt ein regional-raffiniertes Kochbuch der Region.

● Landgasthof Backers, Kirchstraße 25, 49767 Twist, www.gasthof-backers.de
● ÖPNV: Bus 929, Haltestelle Kirchstraße

Leinen los!

76 Auf der Meyer Werft in Papenburg

Sie ist ein Publikumsmagnet, ein Glücksort, den niemand für sich allein hat. Bei einem Besuch der Meyer Werft darf man sich also auf – gelenktes – Miteinander einstellen. Eine Anmeldung ist erforderlich, schließlich dürfen Besucher dann quasi hinter die Kulissen des Schiffsbaus schauen, live erleben, wie Giganten aus Stahl zusammengeschweißt werden und Stockwerk um Stockwerk in die Höhe wächst.
Am 28. Januar 1795 gründete Willm Rolf Meyer eine Holzschiffwerft am Papenburger Hauptkanal. Er baute die modernen Schiffe seiner Zeit: flach gehende Segelschiffe für die Fluss- und Kanalfahrt, Mutte genannt, und Kuffe, die typischen Küstensegler Nordeuropas. Die Erfordernisse der zunehmenden Industrialisierung mit Dampfmaschinen und Eisenbau stellten die nächsten Generationen der Schiffsbauer – in Papenburg existierten bis in die 1920er-Jahre noch etwa 20 Werften – vor existentielle Herausforderungen. Auch das Wachstum der Tonnage, der Bau von größeren Schiffen, war am Standort an der schmalen Ems schwierig. Während andere Werften scheiterten, spezialisierte sich Joseph Lambert Meyer auf Schiffe, die durch den 1899 eröffneten, engen Dortmund-Ems-Kanal passten: Lotsenboote, Schlepper, Feuerschiffe. 1922 lief der erste Stückgutfrachter vom Stapel, 1960 der erste Gastanker, 1963 verließ zum ersten Mal ein mehr als 100 Meter langes Schiff die Werft. Seit 1986 ist die Meyer Werft für den Bau von Kreuzfahrtschiffen auch der breiteren Öffentlichkeit bekannt. Die Ozeanriesen messen inzwischen mehr als 300 Meter und sind gut zehnmal größer als die ersten Holzschiffe aus Papenburg.
Multimedial inszenierte Meilensteine der Geschichte, Schiffsmodelle, eine gigantische Schiffsschraube und nicht zuletzt originalgetreue Schiffskabinen, wie sie Reisende auf einem der Kreuzfahrtriesen bewohnen würden, erleben Gäste im Besucherzentrum. Ein seltenes Spektakel sind das Ausdocken der Schiffe und die Emsüberführung. Die Natur bestimmt den Fahrplan für die schwierigen Manöver. Ausschau halten lohnt sich!

TIPP

Termine für Schiffsüberführungen werden kurzfristig bekanntgegeben (www.meyerwerft.de).

- Besucherzentrum Meyer Werft, Rheiderlandstraße, 26871 Papenburg
www.besucherzentrum-meyerwerft.de
- ÖPNV: Bus 965, 968, Haltestelle Bokeler Straße/Gartenweg

Obst stibitzen

77 Die Mundräuberbank in Andrup

Knallrot angestrichen steht sie lässig vor einem Baum am Lager Bach. Ein ausgesägter Apfel ziert die Rückenlehne, die zur Räuberleiter verlängert ist. Wie wunderbar: eine Mundräuberbank! Ihresgleichen gibt es einige im Hasetal. Überall dort, wo Obstbäume mit alten Sorten den Fluss, Feldwege oder Wiesen säumen. Sie fordern ausdrücklich zum Pflücken auf. Denn Äpfel, Birnen, Kirschen oder Pflaumen, alles, was an den ausgewiesenen Bäumen heranreift, ist für jedermann bestimmt. Seit in den 1990er-Jahren in den Gemeinden im Hasetal Tausende Obstbäume gepflanzt wurden, sind sie zu prächtig blühenden und zur Erntezeit schwer tragenden Botschaftern geworden: für eine alte Tradition und die Schönheit der Region.

Einen Apfel am Wegesrand pflücken oder eine Handvoll Kirschen: Was vor wenigen Jahrzehnten recht normal war, ist heute vor allem deswegen selten, weil üppige Alleen heimischer Obstbäume und wertvolle Streuobstwiesen durch Infrastrukturmaßnahmen oder andere Bauvorhaben zunehmend verdrängt werden. Mitunter sind sie einfach lästig. Denn selbstverständlich muss sich jemand um den Baum und sein Obst kümmern. Mit dem Engagement an der Hase, der Gewinnung Hunderter Baumpaten, die die Pflege der einzelnen Bäume übernehmen und sie auch fachgerecht schneiden können, damit die Ernte noch viele Jahre üppig ausfällt, setzt die Region einen ökologischen Kontrapunkt. Und zeigt, dass viele auch viel bewirken können. In Kooperation mit der Organisation Mundraub ist im Hasetal im Jahr 2014 die erste Mundraub-Region Deutschlands entstanden. Übrigens ausgezeichnet mit dem Deutschen Tourismuspreis. Heute können sich Interessierte online auf www.mundraub.org informieren, welches Obst deutschlandweit gerade reif ist und wo es frei gepflückt werden darf. In kleinen Mengen und für den eigenen Bedarf. Wenn das nicht glücklich macht?

Außerhalb der Erntezeit im Hasetal unterwegs? Kein Problem! Die Bank beim Lager Bach liegt idyllisch und ist zu jeder Jahreszeit ein schöner Ort für eine Picknick-Pause.

TIPP

Durchs Hasetal radeln mit dem Knotenpunktsystem (www.hasetal.de).

- Mundräuberbank, Kreuzung Käseforth/Alte Dorfstraße, 49740 Haselünne-Andrup
- ÖPNV: Bus 939, Haltestelle Vähning (ca. 900 Meter zu Fuß über Alte Dorfstraße)

Ein Moor zeigt Profil

78 Der Aussichtsturm Geestmoor bei Geeste-Dalum

Am Rand des Geestmoors, Teil des grenzüberschreitenden Hochmoorkomplexes Bourtanger Moor, steht eine knallrote Aussichtsplattform. Diesen Glücksort irgendwo im Nirgendwo kann man dank seiner Strahlkraft nicht verfehlen! Streng genommen ist nicht die Plattform rot, vielmehr sind es ihre Seitenwände, die praktischerweise aus Infotafeln bestehen: mit viel Wissenswertem zum Moor, zur Entstehung vom Torf, dessen Abbau und Verwendung bis ins 21. Jahrhundert. Weil das Geestmoor – anders als benachbarte Moore – nie industriell abgetorft wurde, ist hier naturnahes Hochmoor erhalten. „Naturnah", denn über die Jahrhunderte hat durchaus menschlicher Eingriff stattgefunden. Das Moor war immer, wenn auch kärglicher, Lebensraum und Ressource für Mensch und Tier.

Heute besteht das Geestmoor aus drei sich miteinander vermischenden Bereichen, die anhand der Informationen vom „roten Brett" dennoch gut zu identifizieren sind: das Hochmoor, feuchte Heiden mit Moor-Birkenwald und Wiedervernässungsflächen. Jene Bereiche, die in den 1950er-Jahren bereits zur Abtorfung freigegeben und entwässert worden waren. Zum Glück kam alles anders.

Ein Moor entsteht aus zersetzten Pflanzen: Durch hohen Säuregehalt und Luftabschluss durch aufliegendes Wasser wird die Zersetzung dabei extrem verlangsamt. Es dauert etwa 8000 Jahre, bis der moortypische Zustand zwischen Land und Wasser mit seinen einst so begehrten Torfschichten erreicht ist. Im Namen Geestmoor verweist „Geest" auf die Entstehungsgeschichte durch eiszeitliche Fluss- und Flugsande. Hier liegt der Torf großflächig auf Sandablagerungen. An einem freigelegten Bodenprofil ist der Aufbau gut zu erkennen: erst mit weißer Sandschicht und dunkler Niedermoortorfschicht, dann folgen Schwarztorf und Weißtorf und zuoberst die stark durchwurzelte Bunkerde. Der Übergang von grundwassergenährtem, nährstoffreichen Niedermoor zum regenwassergenährten, dabei nährstoffarmen Hochmoor fand im Geestmoor vermutlich um 4000 v. Chr. statt. Wie gut, dass es hier weiterwachsen darf!

● Aussichtsplattform Geestmoor, Twister Straße, 49744 Geeste-Dalum

Renaturierung
Natuurherstel
Besiedlung
Nieuwe bewoners

Bauckweiten-Janhinnerk

79 Buchweizenpfannkuchen im Papenbörger Hus

Er ist ein Stück Kulturgeschichte und ungemein lecker dazu: der Buchweizenpfannkuchen. Typisch für Norddeutschland, insbesondere wird er jedoch in Moorregionen wie dem Emsland gefeiert. Dort heißt er „Bauckweiten-Janhinnerk" und gehört als Spezialität auf die Speisekarten der traditionellen Kaffeehäuser und Gaststätten. Eine besonders gute Adresse ist das Papenbörger Hus in Papenburg. Das Ackerbürger- und Kapitänshaus von 1820 wird heute als Gaststätte genutzt. Einrichtung, Ambiente und die Trachten der Mitarbeiter erinnern an die Blütezeit der Stadt.

Wir erinnern, dass Papenburg unter Dietrich von Velen ab 1631 als erste Fehnkolonie auf deutschem Boden gegründet wurde. Das morastige Land – die Moorgebiete – sollte nach holländischem Vorbild urbar gemacht und für die Ansiedlung von Menschen erschlossen werden. Das Moor ließ von Velen über neue und die noch heute für Papenburg typischen Kanäle in die Ems entwässern, um den vielseitig nutzbaren Torf abbauen zu können. Die Arbeit im Moor war hart, der Lohn gering. Darum bauten die Arbeiter auf dem kargen Land für den eigenen Bedarf gehaltvollen Buchweizen an. Buchweizen stellt wenig Ansprüche an den Boden und gedeiht auch auf moorigen, sumpfigen und kargen Flächen. Ihren Namen verdankt die Pflanze der Ähnlichkeit mit Bucheckern, ihr Korn lässt sich wie Getreide zu Mehl verarbeiten. So fand der Buchweizen schnell Einzug in die Moorküche, wurde zu Brot verbacken, zu Kuchenteig oder eben zum berühmten „Bauckweiten-Janhinnerk". Der wird klassisch mit Rübensirup oder Preiselbeeren serviert. Herzhafte Füllungen sind auch sehr schmackhaft. Dazu reicht man Tee.

Wer Lust hat, den leckeren „Bauckweiten-Janhinnerk" nachzubacken, vermengt 500 Gramm Buchweizenmehl, einen dreiviertel Liter kalten Milchkaffee und vier Eier mit etwas Salz. Der Teig sollte 5 Stunden quellen und wird dann in Schmalz oder einer vegetarischen Alternative ausgebacken. Süß oder herzhaft belegen. Glückstaumeligkeit ist garantiert!

● Buchweizenpfannkuchen im Papenbörger Hus in der Von-Velen-Anlage, Splitting rechts 56, 26871 Papenburg, www.von-velen-anlage.de
● ÖPNV: Bus 970, 972, 980, Haltestelle Keßling

Alles Theater!

80 Auf der Waldbühne in Ahmsen

Kunst und Natur in schönster Liaison: In einem Waldstück bei Ahmsen liegen die Bretter, die die Welt bedeuten! Mit der Waldbühne wurde bereits 1949 eine Freilichtbühne etabliert, deren Renommee weit über die Grenzen des Emslands hinausreicht. Tickets sollte man frühzeitig buchen: Die Inszenierungen werden bejubelt!

Initiiert hatte das Projekt der Maristenpater Ewald Schürmann zusammen mit dem damaligen Dorfschullehrer Büscher für die Landjugend vor Ort. Ihnen wollten der Geistliche und der Pädagoge nach den Erfahrungen der Kriegsjahre eine sinnvolle Freizeitgestaltung bieten. Theater war da beinahe ein revolutionärer Gedanke. Im Winter 1948 begann Schürmann mit dem Schauspiel auf Bauerndielen, die kommenden „Sommerspiele" sollten unbedingt im Freien stattfinden. Lehrer Büscher war es, der im Wald zwischen Ahmsen und Vinnen einen geeigneten Platz dafür fand. 1949 gab es dann tatsächlich die erste Aufführung von „Der verlorene Sohn" am heutigen Standort unter freiem Himmel. Im Schauspiel sah Pater Schürmann die Möglichkeit, auch christliche Werte zu kommunizieren. Bis heute steht jeweils ein religiös orientiertes Stück pro Spielzeit auf der Agenda.

Der Spielplan ist vielfältig: mit Kindermusical, Klassikern wie „Pippi Langstrumpf" oder „Les Misérables". Auch ganz ohne Bühnenbild wäre die Kulisse im Wald eindrucksvoll. Zuschauer können sich seit einigen Jahren über trockene Sitzplätze freuen. Derer gibt es etwa 2000 und sie sind überdacht. Für eine gute Akustik sorgt eine spezielle Decke, alle Schauspieler – bis heute sind es ausschließlich Laiendarsteller – sind mit Mikroports ausgestattet: Ihre Stimmen werden faszinierend klar bis auf den entlegensten Sitzplatz übertragen.

Die kleine Waldbühne hat sich zu einem großartigen Ort entwickelt. Etwa 300 Mitwirkende tragen Spielzeit für Spielzeit auf und hinter der Bühne zum Erfolg bei. Ehrenamtlich. Wie wunderbar!

● Waldbühne Ahmsen, Zur Waldbühne 21, 49774 Lähden-Ahmsen
www.waldbuehne-ahmsen.de

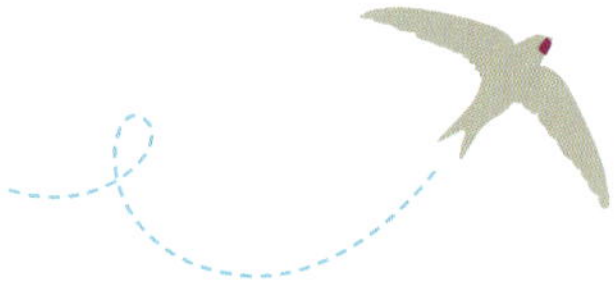

Bibliografische Informationen der Deutschen Nationalbibliothek
Die Deutsche Nationalbibliothek verzeichnet diese Publikation in der Deutschen Nationalbibliografie; detaillierte bibliografische Daten sind im Internet über http://dnb.d-nb.de abrufbar.

Konzeption/Satz: Droste Verlag, Düsseldorf
Einbandgestaltung und Illustrationen: Britta Rungwerth, Düsseldorf, unter Verwendung von Bildern von © Fotolia.com: jd - photodesign.de; © iStock: Plociennik Robert
Fotos: Jutta M. Ingala, außer: Alte Posthalterei Lingen: S. 17; Birgit und Klaus Beckers: S. 103; Emsland Moormuseum: S. 83; Emsland Touristik GmbH: S. 9, S. 19, S. 25, S. 27, S. 33, S. 43, S. 45, S. 57, S. 59, S. 61, S. 65, S. 77, S. 85, S. 97, S. 105, S. 109, S. 115, S. 123, S. 133, S. 137, S. 163, S. 167; Gasthof Backers: S. 157; Hasetal Touristik: S. 161; Meyer Werft: S. 159; Naturpark Hümmling: S. 29, S. 49, S. 111, S. 149 (Holger Leue); Carolin Pleus: S. 53; VVV Emsbüren e. V.: S. 67; Wikimedia Commons/Frank Vincentz (https://commons.wikimedia.org/wiki/File:Rhede_-_Zum_Spieksee_-_Spieksee_09_ies.jpg): S. 107; www.stock.adobe.com : S. 15 (Sugam), S. 37 (frolova_elena), S. 47 (Inka), S. 71 (BMFotos), S. 75 (Stephan), S. 79 (Sina Ettmer), S. 87 (Schulz-Design), S. 121 (Julia), S. 127 (venemama), S. 143 (Vermeulen-Perdaen), S. 165 (Heike Rau)
Textlektorat: Ute König, Kitzingen

MIX
Papier | Fördert gute Waldnutzung
FSC® C011279

Druck und Bindung: LUC GmbH, Greven
ISBN 978-3-7700-2365-3

www.droste-verlag.de